房地产经营与管理丛书

房地产投资分析

主　审　周正辉
主　编　杜转萍　尹爱飞
副主编　韩华丽　李盼盼　李本里

东北大学出版社
·沈　阳·

ⓒ 杜转萍　尹爱飞　2018

图书在版编目（CIP）数据

房地产投资分析 / 杜转萍，尹爱飞主编. — 沈阳：东北大学出版社，2018.7
ISBN 978-7-5517-1946-9

Ⅰ. ①房… Ⅱ. ①杜… ②尹… Ⅲ. ①房地产投资—投资分析 Ⅳ. ①F293.353

中国版本图书馆 CIP 数据核字（2018）第 160223 号

出 版 者：东北大学出版社
　　　　　地　址：沈阳市和平区文化路三号巷 11 号
　　　　　邮　编：110819
　　　　　电　话：024-83687331（市场部）　83680267（社务部）
　　　　　传　真：024-83680180（市场部）　83680265（社务部）
　　　　　网　址：http://www.neupress.com
　　　　　E-mail：neuph@ neupress.com
印 刷 者：沈阳市第二市政建设工程公司印刷厂
发 行 者：东北大学出版社
幅面尺寸：185mm×260mm
印　　张：11.5
字　　数：231 千字
出版时间：2018 年 7 月第 1 版
印刷时间：2018 年 7 月第 1 次印刷
策划编辑：向　阳
责任编辑：孙　锋
责任校对：朱　虹
封面设计：潘正一

ISBN 978-7-5517-1946-9　　　　　　　　　　　　定　价：39.00 元

"房地产经营与管理丛书"编委会

主　任　周正辉
副主任　尹爱飞　费文美
编　委　（按姓氏音序排列）
　　　　　陈　港　陈　玲　陈　倩　杜转萍
　　　　　韩华丽　李本里　李盼盼　钱安利
　　　　　汪　良　肖景橙　许　萍　杨　娜
　　　　　袁笑一　张海念

前　言

编者结合职业院校开设的课程实践性强的特点，着力开发理论与实践结合紧密、操作性强且体现课程系统化设计特点，符合学生由易到难、由浅入深的知识认知规律的新教材体系。本教材适合大中专院校房地产投资课程的项目制教学改革、课程系统化开发教学改革及MOOC形式的教学改革之要求，适应性广，时代性强。

本教材中以真实的房地产项目为载体，结合房地产投资分析流程，进行了实践任务的分解，以实际的项目任务操作为目标，配套相应的理论知识内容与详细的任务操作步骤说明，能够满足学生自学及MOOC平台学习的要求。

本教材中引入了实际的房地产开发项目，以项目教学为主，以案例分析为辅，从简单到复杂，逐步递进与包容，形成了本教材的鲜明特色。整个教材编写体例完整，符合学生的认知规律，能够很好地对学生进行引导，不断提高学生学习的主动性，进一步地发掘学生的学习兴趣。

本教材由校企合作完成，由房地产经营与管理专业委员会副主任周正辉担任主审，由重庆房地产职业学院房地产经营与管理专职教师联合编写。

本教材在编写过程中，杜转萍负责统筹本教材的具体撰写工作，包括提纲的拟定、项目一和项目三的撰写；韩华丽、尹爱飞负责项目二的撰写；李盼盼负责附录的撰写；李本里负责提供项目案例参考资料。

本书得到了重庆市 2014 重大课题 "基于 MOOC 的翻转课堂教学模式研究与实践" 的资金支持。

由于作者水平有限，本书中难免有不足之处，恳请广大读者批评指正。

编　者

2018 年 1 月

目 录

绪 论 …………………………………………………………………………… (001)

项目一 房地产项目静态投资分析 ………………………………………… (007)

 任务一 项目投资环境及市场分析 …………………………………… (007)

 任务二 产品规划设计 ………………………………………………… (030)

 任务三 项目投资估算 ………………………………………………… (037)

 任务四 销售收入估算 ………………………………………………… (048)

 任务五 静态财务分析 ………………………………………………… (051)

项目二 房地产项目动态投资分析 ………………………………………… (063)

 任务一 项目进度计划安排 …………………………………………… (064)

 任务二 销售价目表的制作 …………………………………………… (070)

 任务三 动态财务分析 ………………………………………………… (084)

 任务四 敏感性分析 …………………………………………………… (100)

 拓展一 盈亏平衡分析 ………………………………………………… (112)

 拓展二 房地产风险分析 ……………………………………………… (115)

项目三 房地产项目综合投资分析 ………………………………………… (121)

 任务一 房地产投资环境及市场分析 ………………………………… (129)

 任务二 产品规划设计 ………………………………………………… (134)

 任务三 地块价值测算 ………………………………………………… (136)

 任务四 项目进度计划安排 …………………………………………… (142)

 任务五 项目投资估算 ………………………………………………… (146)

 任务六 销售价目表的制作 …………………………………………… (149)

任务七　销售收入测算 ……………………………………………………… (153)

任务八　项目静态财务分析 ………………………………………………… (154)

任务九　项目动态财务分析 ………………………………………………… (156)

任务十　项目敏感性分析 …………………………………………………… (158)

参考文献 ………………………………………………………………………… (161)

附录　房地产投资分析基础知识 ……………………………………………… (162)

绪　论

【项目概述】

学鸥房地产开发公司是2013年成立并逐步发展起来的一家重庆市本土开发公司，目前公司正处于事业快速发展期。近期获悉重庆市国土资源和房屋管理局将公开出让位于重庆市沙坪坝区西永片区的一块商住用地。事业发展部目前已经组织市场调研部进行了土地的现场踏勘和周边环境调研，项目的可行性研究事项交由开发部主要负责。由于土地出让时间紧迫，集团要求事业发展部尽快做出是否拿地的初步决策，即对该地块的项目开发进行简单的成本利润测算来对该地块的获利大小情况进行判断。地块基本出让信息见表0-1，地块的区域位置、现状和周边交通如图0-1~图0-3所示。

表0-1　　　　　　　　　　　　地块出让信息表

序号	土地位置	用途	土地面积	总计容建筑面积	最大建筑密度	容积率	出让年限
16133	沙坪坝区西永组团L标准分区L41/03	二类居住用地	74 300 米^2	≤216 900 米^2	≤35%	<3	50 年

经调研，本地块位于沙坪坝区大学城西永微电子园商务中心区，西北临虎溪河及城市次干道，南靠城市次干道及公共绿地，东临城市次干道；其地块用地面积为74 300 米^2。该地块东南临大学城未来商政中心，面朝虎溪河宽阔的自然景观面，与虎溪湿地公园、寨山坪森林公园隔江相望，山景与水景条件得天独厚。地块东、南、西、北均有城市道路经过，规划的大学城商政中心与地块相邻，规划公交车站及公共停车场位于建设场地的西、南侧城市次干道及东侧城市次干道，且紧邻已通车的轨道1号线及规划的轨道7号线，场地周围交通体系非常便捷发达。拟建场地

的电力、电信、天然气、给水、闭路电视等基础设施已基本实施完善,小区建设具有良好的外部市政基础设施条件。该地块L41/03呈矩形;场地内外高差变化较小,场地平整后大部分现状标高均低于相邻道路标高,西北侧地形低洼,场地总体来看较为平整,属平原微丘场地地形,现场未发现不良地质构造。场地内无原有建筑物、构筑物,现已完成平整场地工作。

图 0-1 地块区域位置图

图 0-2 地块现状图

图 0-3 地块周边交通图

一、房地产投资概述

(一) 基本概念

广义的房地产投资是以房地产为对象,为获得预期效益而对土地和房地产开发、房地产经营,以及购置房地产等进行的投资。从狭义上说,房地产投资主要是指企业以获取利润为目的的投资。房地产投资是固定资产投资的重要组成部分,一般占全社会固定资产投资的60%以上。它需要动员大量的社会资源(包括资金、土地、物质材料、劳动力、技术、信息等资源),才可能使投资效益得到实现。

(二) 房地产投资的特征

同一般投资相比,房地产投资具有以下特征。

1. 房地产投资对象的固定性和不可移动性

房地产投资对象是不动产,土地及其地上建筑物都具有固定性和不可移动性。不仅在地球上的位置是固定的;而且土地上的建筑物及其某些附属物一旦形成,也不能移动。这一特点给房地产供给和需求带来重大影响,如果投资失误,会给投资者和城市建设造成严重后果,所以投资决策对房地产投资更为重要。

2. 房地产投资的高投资量和高成本性

房地产业是一个资金高度密集的行业,投资一宗房地产,少则需要几百万元,多则需要上亿元的资金。这主要是由房地产本身的特点和经济运行过程决定的。房地产投资的高成本性主要源于土地开发的高成本性、房屋建筑的高价值性及房地产经济运作中较高的交易费用。

3. 房地产投资的回收期长和长周期性

整个房地产投资的实际操作，就是整个房地产开发过程。对每一个房地产投资项目而言，它的开发阶段一直会持续到项目结束，投入和使用的建设开发期是相当漫长的。房地产投资过程要经过许多环节，从土地所有权或使用权的获得、建筑物的建造，一直到建筑物的投入使用，最终收回全部投资资金需要相当长的时间。

4. 高风险性

由于房地产投资占用资金多，资金周转期又长，而市场是瞬息万变的，因此投资的风险因素也将增多。加上房地产资产的低流动性，不能轻易脱手，一旦投资失误，房屋空置，资金不能按期收回，企业就会陷于被动，甚至债息负担沉重，导致破产倒闭。

5. 环境约束

建筑物是一个城市的构成部分，又具有不可移动性。因此，在一个城市中客观上要求有一个统一的规划和布局。城市的功能分区，建筑物的密度和高度，城市的生态环境等都构成外在的制约因素。房地产投资必须服从城市规划、土地规划、生态环境规划的要求，把微观经济效益和宏观经济效益、环境效益统一起来。只有这样，才能取得良好的投资效益。

6. 低流动性

房地产投资成本高，不像一般商品买卖可以在短时间内马上脱手，房地产交易通常要一个月甚至更长的时间才能完成；而且投资者一旦将资金投入房地产买卖中，其资金很难在短期内变现。所以房地产资金的流动性和灵活性都较低。当然房地产投资也有既耐久又保值的优点。房地产商品一旦在房地产管理部门将产权登记入册，获取相应的产权凭证后，即得到了法律上的认可和保护，其耐久性和保值性要高于其他投资对象。

二、房地产投资分析

（一）基本概念

房地产投资分析是指在项目的可行性分析阶段对拟投资项目进行的投资环境及市场分析、产品定位及产品规划设计、项目投资成本估算、项目收入估算、项目财务分析、不确定分析及风险分析等一系列的活动。房地产投资分析旨在预测项目盈利能力和抗风险能力，规避项目开发过程中可能遇到的风险，为项目投资决策提供依据。根据是否考虑资金的时间价值因素及分析流程，可将房地产项目投资分析划分为房地产项目静态分析、房地产项目动态分析、房地产项目综合分析三个阶段。

(二) 房地产投资分析的作用

由于房地产投资具有高收益与高风险并存的特性,一方面为投资者提供获取高额收益的机会,另一方面也为投资者带来了十分巨大的风险。投资者为达到获取高额利润的目的,谋求投资的成功,必须具有经济头脑和战略眼光,熟知市场状况,具备相关操作经验和技巧。通过房地产投资分析,可以全面分析投资项目的各种制约因素,帮助房地产投资者解决诸如投资方向确定、运作方式选择、投资收益预测以及投资风险规避等方面的问题,从而保证投资的成功。

(三) 房地产投资分析的内容

1. 房地产投资环境分析

分析地块所在区域的政治、经济、社会、文化等方面的状况,并对地块所在区域各房地产产品类型的供给量和需求量、竞争楼盘等进行分析,评价和预测投资环境对房地产开发可能产生的影响。

2. 产品定位及规划设计

在房地产投资环境及市场分析的基础上,对拟开发项目进行产品定位,初步确定投资开发方向,根据拟出让地块的规划指标进行初步产品设计。产品的规划设计要在拟开发项目地块规定好的建筑面积、容积率、建筑密度、建筑高度范围之内。

3. 项目投资估算

对拟开发项目的成本费用包括土地成本、建筑安装工程费、基础设施建设费、管理费用、销售费用、公共配套设施费等进行测算,初步计算项目开发可能投入的资金数额,为开发商衡量自身的开发实力提供依据。

4. 收入估算

对拟开发项目的销售收入、自营收入、出租收入进行估算。根据项目的建设内容,计算可用于出租、出售及自营的建筑面积,结合租售单价及营业内容进行收入估算,为下一步测算项目利润提供依据。对于销售收入来说,可通过制作销售价目表的形式明确每一户型可销售的面积及销售收入。

5. 财务分析

在开发项目投资估算与收入估算的基础上,通过计算一些财务指标诸如盈利指标、清偿能力指标来预测项目开发可能带来的利润率的高低及项目的资金运作情况。财务分析可分为静态财务分析和动态财务分析,二者的区别主要在于是否考虑资金的时间价值,即资金是否随时间的推移而发生价值上的变化。静态财务分析通过计算静态财务指标如成本利润率、销售利润率来进行盈利能力分析;动态财务分析则主要通过编制财务报表如现金流量表、资金来源与运用表来进行分析,可计算的指标包括财务净现值、动态投资回收期、财务内部收益率等。

6. 不确定性分析及风险分析

对项目可能面临的不确定因素，如土地成本、建安费用、租售价格、开发期与租售期进行动态分析，预测可变因素的变化给项目可能带来的影响，常用的方法有盈亏平衡分析和敏感性分析。为了给项目投资决策提供更可靠和全面的依据，还需要进行风险分析，提出规避风险的对策。

项目一　房地产项目静态投资分析

【知识目标】

（1）掌握房地产项目静态投资分析的基本流程。
（2）掌握房地产投资估算的基本方法。
（3）掌握销售税金的基本内容和计算方法。
（4）掌握静态财务指标的基本算法。

【技能目标】

（1）能够进行房地产项目的成本费用估算。
（2）能够进行房地产项目的销售收入及销售税金的算法。
（3）能够进行房地产项目的静态财务分析。

房地产项目静态投资分析是以静态的眼光，即不考虑资金在运动的过程中产生的增值或通货膨胀、紧缩带来的资金价值的变化，通过项目成本费用的估算和收入的估算进行项目静态财务分析，通过测算一些静态财务指标（如销售利润率、投资利润率等）指标来判断项目的可行性，是进行项目初步可行性判断的基本方法。

任务一　项目投资环境及市场分析

【知识目标】

（1）了解房地产投资环境的基本构成要素。

(2) 了解房地产市场分析的基本含义和内容。

(3) 掌握房地产投资环境分析的基本内容。

【技能目标】

(1) 能够进行房地产开发项目的投资环境分析。

(2) 能够进行房地产开发项目的市场分析。

【任务描述】

房地产投资环境及市场分析是房地产项目进行决策的先决条件。通过分析项目面临的政策环境、经济环境、自然环境、市场环境等，可以确定房地产项目投资的时机及风险大小，并为项目的投资方向提供依据。因此，本任务旨在分析项目所处的投资环境及面临的市场发展状况，最终做出是否投资的决定，并在项目可行的基础上进一步确定投资的方向，为项目的定位做出初步分析。

【任务分析】

要进行项目的投资环境及市场分析，首先要明确什么是投资环境、投资环境分析的内容有哪些、市场分析的内容和步骤是什么等基本问题。在明确这些基本问题的基础上，选择投资环境中对项目影响较大的因素进行着重分析，并对项目所处的市场环境进行资料的查找和数据的分析，如图1-1所示。

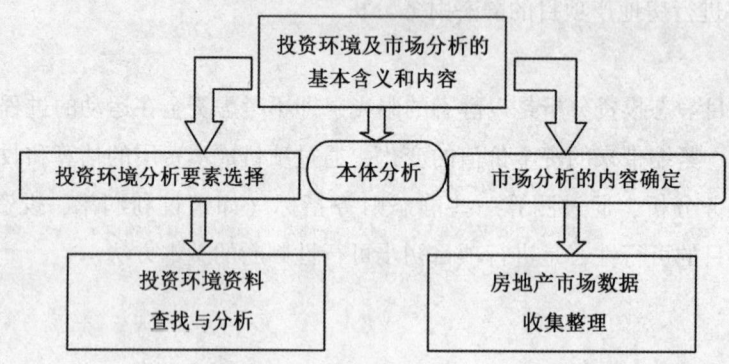

图1-1 投资环境及市场分析流程图

【知识平台】

改革开放以来，中国房地产业迅速发展，已经成为国民经济的支柱产业。随着我国国民经济持续高速增长和房地产市场宏观调控力度的不断加强，我国的房地产市场正处于一个持续快速健康发展时期。但是，由于房地产业具有投资金额大、投资风险高且投资回收期长的特点，房地产开发商的投资行为需要格外谨慎。房地产投资环境是影响房地产投资行为的外部因素的总体，任何一项房地产投资都必定在既定的自然环境与人文环境中运行并与周围各类环境因素发生各种互动关系。房地产业健康有序的发展离不开投资环境的改善，房地产投资的成败与投资环境密切相关。

一、房地产投资环境的基本含义

房地产投资环境是指影响房地产投资活动整个过程的外部的各种情况和条件的总和，是由决定和影响投资活动的政治要素、自然要素、经济要素和社会要素等相互依赖、相互完善、相互制约所形成的矛盾统一体。

从不同的角度，可以将房地产投资环境分为以下几类。

（1）从空间范围上划分，可分为宏观投资环境和微观投资环境。宏观投资环境是指整个国家范围内影响投资的各种因素的总和，比如国家房地产政策的出台和整个国民经济的发展对房地产开发的影响；微观投资环境是指一个地区范围内影响投资的各种因素的总和，如片区交通条件的改善和商业繁华程度对房地产开发的影响。

（2）从投资环境广度来划分，可分为狭义的投资环境和广义的投资环境。狭义的投资环境主要指投资的经济环境和自然环境，包括经济发展水平、经济稳定状况、经济发展战略、基础设施、市场的完善程度、自然景观、地理位置等；广义的投资环境则包括政治、法律、社会文化等对投资可能发生直接或间接影响的各种因素。通常所说的投资环境主要指广义的投资环境。

（3）从投资环境表现的形态来划分，可分为硬投资环境和软投资环境。硬投资环境是指具有物质形态的各种影响投资的因素的总和，如交通运输、邮电通讯、供水、供电、供气、环保、社会生活服务设施等；软投资环境是指没有具体物质形态的各种影响投资的因素的总和，如政策、法规、投资双方的管理水平等。硬投资环境和软投资环境对房地产投资的影响均不可忽视。

二、投资环境的特征

投资环境是一个动态的、多层次的、多因素的大系统，其各子系统之间、各子系统中的各因素之间都是相互联系、互为条件、相互制约的。投资环境作为区域现实的反映，其基本特征表现在四个方面：系统性、动态性、主导性和区域性。

（一）系统性

投资环境是一个包含多要素的有机整体，系统各要素相互联系、相互制约。社会的稳定能够为经济的发展保驾护航，反之经济的发展也能够增加居民就业，从而维系社会的稳定。同时，社会经济的发展能够促进城市基础设施的改善，改善居民的生活水平。自然环境的恶化在很大程度上是由于经济发展过程中对自然资源的过度采伐造成。国家房地产政策的出台可能振兴一方经济，也可以抑制过热的房地产市场。由此可见，投资环境不是独立存在的，而是一个有机的、自发调节、相互影响的系统。

（二）动态性

投资环境是一个动态平衡的开放系统，它总是处于不停的运动之中，随时空的变化而变化。从我国来看，随着时间的推移，社会经济呈现一个稳步上升、不断向前发展的态势。居民收入不断提高，城市基础设施、交通条件不断改善，房地产投资活动也日益繁荣。由于房地产业是国家支柱产业，因此备受国家关注，对房地产业出台的政策也是层出不穷。当房地产市场处于过热或过冷的状态时，国家及地方政府则会出台相应的政策进行市场调控。政策的变化加上社会经济发展的波动会对房地产投资活动产生深远的影响，因此，在房地产投资活动中，要进行投资环境的动态预测，抓住未来机遇，同时规避可能出现的风险。

（三）主导性

在不同的发展阶段，区域社会经济各要素中总有一个或几个要素居于主导地位，影响和决定了这一时期区域经济的性质和特征。在投资环境各要素中，某一时期、某一地区有一个或几个主导因素，它们在对投资活动的影响中居于决定和支配地位。在房地产投资活动过程中，房地产政策因素居于房地产投资环境分析的首位。房地产市场发展的周期性变化表现在不断波动的房地产价格上，消费者对未来的预期看涨不看跌。房地产政策的出台旨在稳定市场的发展，维护消费者的利益，抑制投机行为。而政策出台对房地产开发商的利益影响更为深远，抑制过热的市场会给开发商当头一棒，造成销售收入的损失，甚至造成企业资金链的断裂及公司倒闭。因此房地产政策是房地产开发商首先要进行关注和研究的投资环境要素。

（四）区域性

房地产市场的区域性特征造成投资环境也具有区域性特点，这是投资环境最显著的特征。由于所在区域不同，地区之间自然、地理、社会经济等投资环境涉及的内容也就不尽相同。相比较而言，大中城市社会经济要比小城市发达，市场开明度和政府工作效率都要高，房地产市场竞争更加公开、公平、公正。区域性特征也导致区域社会文化的差异。旅游城市房地产开发关注的投资环境更侧重于自然风光和人文地理，而商业性城市房地产开发更关注商业的发展和经济政策的影响。

三、房地产投资环境要素分析

房地产投资环境要素主要有政治环境、法律环境、经济环境、自然环境、基础设施环境、社会文化环境等。

（一）政治环境

政治环境指的是一个国家的政治制度、政局的稳定性和政策的连续性、政府管理服务水平等方面的基本条件。

众所周知，房地产开发涉及的报建环节接触的政府部门及相关单位众多，一旦政治环境诸如土地、房产、物业政策发生变化，都将会对项目产生深远的影响。开发地区的政治环境如何，直接关系到投资开发的安全性，是开发商首先应考虑的因素之一。只有政治稳定、社会安定、致力于和平建设的地区才能确保投资的安全，这也是经营获利的首要前提。反过来，如果一个地区政治腐败、社会动乱，开发商难免会望而却步，减少投资甚至规避区域投资来回避政治风险带来的损失。

（二）法律环境

健全的、相对稳定的法律及法规是保护投资者权利、约束投资者行为的重要保证。现在的市场经济在一定意义上说是法制经济。只有加强法制建设，才能保护投资企业在市场竞争中的平等、有序、有效，才能保护投资者的合法权益，才能保证投资资金的安全和开发活动的顺利进行。良好的法律环境也将会改善当地的投资环境，帮助房地产开发企业及投资者快速回笼资金。

对于房地产开发企业来说，法制对房地产影响最大的是土地政策及房地产法律法规，还包括国家和当地对于规划建设条件的规定，这些政策的变化常常导致房地产开发方向、开发重点和盈利模式的重大转变。

（三）经济环境

经济环境因素是影响投资决策最重要、最直接的基本因素，它对投资效率和安全性的影响极大。经济环境因素包括的内容很多，包括当地经济发展水平、吸引投资情况、生产要素供应等方面。经济发展水平是指当地 GDP、进出口贸易情况、市场开发度、通货膨胀及当地的消费水平及结构、金融服务水平等方面；生产要素供应是指原材料供应及价格、劳动力供应及工资水平、土地资源量及价格、资金供应及利率、外汇管制方式及汇率等方面；吸引投资情况是指最近三年吸引投资金额、增长率和新增投资企业情况等。

经济周期的变动影响房地产市场的供求关系和房地产价格的走势，对投资效率和安全性的影响巨大。一般来讲，经济周期经历衰退、危机、复苏、繁荣四个阶段。在房地产衰退时期，房地产价格逐渐下跌，至危机时跌至最低点。经济复苏时价格又逐步攀升，到繁荣时上升至最高点。

（四）自然环境

自然环境是指投资项目所在地域的自然条件和地理位置。一个好的房地产开发投资项目，必然十分重视项目所在地的地貌特点、自然风光、气候风向等自然条件，充分利用其有利的一面，使项目无论是外观、结构，还是使用功能，均能与外在的自然环境协调起来。很多房地产项目打造的诸如江景房、热带风情街、半山别墅等项目都是依托项目所在片区的自然环境而打造的。因此，在项目定位阶段就应该对项目周边优势资源进行整合和利用，以期达到项目和自然景观的最大化结合。

（五）基础设施环境

基础设施环境对房地产投资尤其重要，它是房地产投资项目的硬环境，方便的基础设施环境对房地产投资项目开发、经营具有重要的保证和制约作用。一般来说，基础设施包括以下六大系统：城市能源系统，主要包括城市电力系统，人工煤气、天然气、石油液化气的生产及供应系统，集中供热的热源生产和热力输送系统；城市水资源和供水排水系统，主要包括水资源的开发、利用和管理系统，自来水的生产与供应系统，污水、废水和雨水的接纳、输送、净化及排放系统，中水供应系统等；城市交通运输系统，包括城市道路系统、客货运输系统；城市邮电通信系统，包括邮政设施系统、电信设施系统等；城市生态环境系统，包括城市环卫系统、城市园林绿化系统、城市环境保护系统；城市防灾系统，主要包括消防系统、防洪系统、抗震及防地沉系统、人防备战系统等。完善的市政基础设施是区域房地产市场健康发展的基础。

（六）社会文化环境

社会文化环境因素是指投资的房地产项目所在地区的社会意识形态，如公民受教育的程度、宗教、风俗习惯、社会心理、道德准则、价值观念、文化传统等。社会文化环境直接决定消费需求的形式和内容、消费结构，也会影响企业的生产、研究、发展、组织和管理，直接影响该项目的开发和经营过程，从而制约投资方案的决策。

深厚的文化底蕴对于优化城市经济环境、投资环境、商业环境、人才环境有着重要的影响，是一种无价的无形资产。在一个有着良好社会文化氛围和传统的地区，房地产开发的顺利程度和风险都有一定程度的改善。

（七）其他因素

房地产项目投资决策中还要考虑相关的配套设施。其中，生活配套主要指项目周边区域的生活设施，如商场、饭店、娱乐场所、邮局、银行、医院、学校等。生活配套的完善与否决定了该区域生活氛围的优劣，对项目定位和开发有较大影响。同样，商务环境的成熟度对房地产需求的影响也是非常明显的。一个繁荣的商务中心，其内部和周边的写字楼市场、公寓市场和商铺市场都有较高的价格和旺盛的需求。发达的交通条件对周边房地产价格的带动作用也是显而易见的，如地铁的修建、公交线路的增设都会提升该片区的房地产价格。

四、房地产市场分析

（一）房地产市场分析的含义

房地产市场分析是通过信息将房地产市场的参与者与房地产市场联系起来的一种活动，即通过房地产市场信息的收集、分析和加工处理，寻找其内在的规律和含义，预测市场未来的发展趋势，用以帮助房地产市场的参与者掌握市场动态、把握市场机会或调整其市场行为，从而使投资者的预期尽可能靠近实际结果。

（二）房地产市场分析的作用

房地产市场分析主要具有以下三方面的作用。

（1）通过房地产市场分析可以掌握房地产市场需求变化的态势，预见拟投资开发项目的技术是否可行，房地产产品的变现能力、市场竞争力、投资绩效如何及预期获利程度等，从而减少投资盲目性，增强经营管理的主动性。

（2）房地产市场分析有利于投资决策，市场调查与预测和经营决策是一系列过程中的不同阶段，调查是预测的基础，预测是决策的依据，决策是调查、预测的目的。

（3）房地产市场分析还为房地产价格确定乃至营销策略的制定提供了基础和依据。

（三）房地产市场分析的三个层面

（1）城市房地产市场分析。是对项目所在城市内总的房地产市场及各专业市场总供需情况的总体分析。

（2）区域房地产市场分析。是对区域内总的房地产市场及专业市场总供需情况的综合分析。

（3）房地产项目市场分析。是在前两个层次的基础上，对特定项目做出竞争能力分析，预测一定价格和特征下的销售率及市场占有率情况，对项目的租金及售价、吸纳量及吸纳量计划进行预测。

（四）房地产市场状况分析的内容

房地产市场状况分析是介于宏观和微观之间的分析。

房地产市场状况分析一般要从以下几个方面进行。

1. 供给分析

（1）调查房地产当前的存量、过去的走势和未来可能的供给。具体内容包括：相关房地产类型的存量、在建数量、计划开工数量、已获规划许可数量、改变用途数量和拆除量、短期新增供给数量等。

（2）分析当前城市规划及其可能的变化和土地利用、交通、基本建设投资等计划。

（3）分析规划和建设中的主要房地产开发项目。规划中的项目需分析其用途、投资者、所在区县名称、位置、占地面积、容积率、建筑面积和项目当前状态等；正在开发建设中的房地产项目需分析其用途、项目名称、位置、预计完工日期、建筑面积、售价和开发商名称等。

（4）分析房地产市场的商业周期和建造周期循环运动情况，分析未来相关市场区域内供求之间的数量差异。

2. 需求分析

（1）需求影响因素分析。需求影响因素分析是需求分析的第一步。影响需求的因素随物业类型不同而不同。例如，影响住宅市场需求的因素有新住户的生成、收入水平、贷款的可获得性、替代品的价格、拥有成本和对未来的预期；影响商业物业需求的因素有人口或就业增长、家庭和家庭规模、平均家庭收入和可支配收入、贸易区域可支配收入；影响写字楼物业需求的因素有写字楼的行业如金融、保险、房地产、代理咨询和服务业、高新技术和销售业等的发展状况和就业人口；影响工业物业需求的因素是国家和区域经济增长状况及在制造业、批发、商业、运输、交通和公共设施行业的就业人口。

（2）需求预测。详细分析项目所在市场区域内影响需求的因素，并根据这些因素如就业、人口、家庭规模与结构、家庭收入等的未来发展趋势，实现对拟开发房地产类型市场需求的预测。具体分析过程是：决定影响特定物业类型需求的主要市场因素、确定物业类型的需求参数、获取特定市场研究区域的历史和计划的需求数据或区域增长数据、估算市场需求、对市场份额进行分析、宏观因素对总需求的影响及相应调整。

（3）吸纳率分析。就每一个相关的细分市场进行需求预测，以估计市场吸纳的价格和质量。具体内容包括：市场吸纳和空置的现状与趋势，预估市场吸纳计划或相应时间周期内的需求。

（4）市场购买者的产品功能需求。包括：购买者的职业、年龄、受教育程度、现居住或工作地点的区位分布，投资购买和使用购买的比例。

3. 竞争分析

(1) 列出与竞争有关项目的功能和特点。具体内容包括：描述已建成或正在建设中的竞争性项目（价格、数量、建造年代、空置情况、竞争特点），描述计划建设中的竞争性项目，对竞争性项目进行评价。

(2) 市场细分，明确拟建项目的目标使用者。具体内容包括：目标使用者的状态（年龄、性别、职业、收入）、行为（生活方式、预期、消费模式）、地理分布（需求的区位分布及流动性），每一细分市场下使用者的愿望和需要，按各市场细分结果，分析对竞争项目功能和特点的需求状况，指出拟建项目应具备的特色。

4. 市场占有率分析

(1) 基于竞争分析的结果，按各细分市场，估算市场供给总吸纳量、吸纳速度和拟开发项目的市场份额，明确拟开发项目吸引顾客或使用者的竞争优势。具体内容包括：估计项目的市场占有率，在充分考虑拟开发项目优势的条件下进一步确认其市场占有率，简述主要的市场特征；估算项目吸纳量，项目吸纳量等于市场供求缺口（未满足需求量）和拟开发项目市场占有率的乘积。

(2) 市场占有率分析结果，要求计算出项目的市场占有率、拟建项目销售或出租进度、价格和销售期，并提出有利于提高市场占有率的建议。

(五) 相关因素分析

当把握了总体背景情况后，投资者就可以针对某一具体开发投资类型和地点进行更为详尽的分析。从房地产开发的角度来看，市场分析最终要落实到对某一具体的物业类型和开发项目所处地区之房地产市场状况的分析。应该注意的是，由于不同类型和规模的房地产开发项目所面对的市场范围的差异，导致市场分析的方式和内容也有很大的差别。

不同类型项目需要重点分析的内容包括如下4点。

1. 住宅项目

市场分析包括与房地产经纪机构、物业管理人员，特别是与住户的沟通，以了解开发项目周围地区住宅的供求状况、价格水平以及对现有住宅的满意程度和对未来住房的希望，从而确定所开发项目的平面布置、装修标准和室内设备的配置。

2. 写字楼项目

首先要研究项目所处地段的交通通达程度，拟建地点的周边环境及与周围商业设施的关系。还要考虑内外设计的平面布局、特色与格调、装修标准、大厦内提供公共服务的内容、满足未来潜在使用者的特殊需求和偏好等。

3. 商业购物中心项目

要充分考虑项目所处地区的流动人口和常住人口的数量、购买力水平以及该地区对零售业的特殊需求，还要考虑购物中心的服务半径及附近其他购物中心、中小型商铺的分布情况。最后才能确定项目的规模、档次以及日后的经营构想。

4. 工业或仓储项目

首先要考察开发所必须具备的条件，诸如劳动力、交通运输、原材料和专业人员的来源问题。同时还要考虑未来入住者的意见，如办公、生产和仓储用房的比例，大型运输车辆通道和生产工艺的特殊要求，以及对隔音、抗震、通风、防火、起重设备安装等的特殊要求。

但不论是什么类型的房地产开发项目，都需要就以下问题进行详细的分析：项目所处的位置、周围环境及与城市中心商业区的关系；项目用地工程地质资料；附近地区土地利用及城市规划控制指标，城市建设规划管理的有关定额指标（如控制高度、容积率、用途、绿地率、建筑覆盖率、内外交通组织、建筑防火、停车场车位数等）；针对未来用户的需求信息；同类竞争性发展项目的信息；政府对此发展项目的态度；项目周围市政基础设施、配套设施的供应能力；针对项目的成本、价格、租金、空置率、市场吸纳能力分析；金融信息，如各类贷款获取的可能性、贷款利率、贷款期限和偿还方式等。

【任务实施】

西永项目房地产投资环境及市场分析

一、本体分析

（一）区域位置及占地面积

本项目位于沙坪坝区大学城西永微电子园商务中心区，西北临虎溪河及城市次干道，南靠城市次干道及公共绿地，东临城市次干道；其地块用地面积为 74 300 米^2。

（二）景观条件

拟建场地东南临大学城未来商政中心，面朝虎溪河宽阔的自然景观面，与虎溪湿地公园、寨山坪森林公园隔江相望，山景与水景条件得天独厚。

（三）交通状况

在拟建场地东、南、西、北均有城市道路经过，规划的大学城商政中心与地块相邻，规划公交车站及公共停车场位于建设场地的西、南侧城市次干道及东侧城市次干道，且紧邻已通车的轨道 1 号线及规划的轨道 7 号线，场地周围交通体系非常便捷发达。

（四）市政设施

拟建场地的电力、电信、天然气、给水、闭路电视等基础设施已基本实施完善，小区建设具有良好的外部市政基础设施条件。

（五）地形概况

拟建项目呈矩形；场地内外高差变化较小，场地平整后大部分现状标高均低于相邻道路标高，西北侧地形低洼，场地总体来看较为平整，属平原微丘场地地形，现场未发现不良地质构造。

（六）建筑状况

拟建场地内无原有建筑物、构筑物，现已完成场地平整工作。

二、投资环境分析

（一）宏观政策分析

2015年伊始，房地产市场可谓捷报频传。2015年3月30日，中国人民银行、住房和城乡建设部、银监会联合下发通知，对拥有一套住房且相应购房贷款未结清的居民家庭购二套房，最低首付款比例调整为不低于40%，对于一直不温不火的房地产市场来讲，政府不折不扣地再次给2015年的房地产市场注入了一支强心剂。2015年国家出台了一系列房地产新政策。

1. 2015年2月28日，中国人民银行首次降息

中国人民银行决定，自2015年3月1日起，下调金融机构人民币贷款和存款基准利率。金融机构一年期贷款基准利率下调0.25个百分点至5.35%；一年期存款基准利率下调0.25个百分点至2.5%。

2. 各地的公积金最低首付调整

《2015年政府工作报告》中指出，2015年房地产政策将坚持分类指导，因地施策，落实地方政府主体责任，支持居民自住和改善性住房需求，促进房地产平稳健康发展。业内人士表示，近期推出的公积金新政的实施，是对中央支持自住和改善性需求指示的呼应，预计未来将有更多的城市出台新政，进一步降低公积金贷款申请门槛。

3. 2015年3月25日，国土资源部与住房和城乡建设部楼市新政落地

2015年3月25日，国土资源部、住房和城乡建设部联合下发《关于优化2015年住房及用地供应结构促进房地产市场平稳健康发展的通知》，要求2015年各地有供、有限，合理安排住房和其用地供应规模；优化住房供应套型，促进用地结构调整；多措并举，统筹保障性安居工程建设；部门联动，加大市场秩序和供应实施监督力度。

4. 2015年3月30日，中国人民银行宣布二套房款首付可低至四成

2015年3月30日，中国人民银行、住房和城乡建设部、中国银行业监督管理委员会印发《关于个人住房贷款政策有关问题的通知》，对拥有一套住房且相应购房贷款未结清的居民家庭购二套房，最低首付款比例调整为不低于40%。使用住房公积金贷款购买首套普通自住房，最低首付20%；拥有一套住房并已结清贷款的家庭，再次申请住房公积金购房，最低首付30%。

5. 2015年3月30日，购买2年以上普通住房销售免征营业税

2015年3月30日，财政部发布《关于调整个人住房转让营业税政策的通知》，要求自2015年3月31日起，个人住房转让营业税免征年限由5年恢复至2年。个人将购买不足2年的住房对外销售的，全额征收营业税；个人将购买2年以上（含2年）的非普通住房对外销售的，按照其销售收入减去购买房屋的价款后的差额征收营业税；个人将购买2年以上（含2年）的普通住房对外销售的，免征营业税。

6. 2015年4月20日起，下调人民币存款准备金率1个百分点

中国人民银行决定，自2015年4月20日起下调各类存款类金融机构人民币存款准备金率1个百分点。在此基础上，为进一步增强金融机构支持结构调整的能力，加大对小微企业、"三农"以及重大水利工程建设等的支持力度，自2015年4月20日起对农信社、村镇银行等农村金融机构额外降低人民币存款准备金率1个百分点，并统一下调农村合作银行存款准备金率至农信社水平；对中国农业发展银行额外降低人民币存款准备金率2个百分点；对符合审慎经营要求，且"三农"或小微企业贷款达到一定比例的国有银行和股份制商业银行可执行较同类机构法定水平低0.5个百分点的存款准备金率。

7. 2015年楼市展望：政策还将继续放宽

两会之后，多地政府响应政府工作报告中的相关指示，纷纷出台一系列的救市政策，如广州、济南等地，甚至降低首套房贷款比例，旨在贯彻两会所提出的"稳定住房消费，打造稳定健康的房地产市场环境"。业内人士表示，整体来看，2015年的房地产政策还将进一步宽松，房地产政策将延续去行政、重市场的调控思路，并有望在营业税征收、一线中部分城市限购等环节进一步放开，地方政府还将非常直接地出台税费减免、购房补贴等多种救市政策。

（二）重庆市经济发展状况

2014年，重庆市实现地区生产总值14 265.40亿元，同比增长10.9%，较全国高3.5个百分点。分产业看，第一产业增加值1 061.03亿元，增长4.4%。第二产业增加值6 531.86亿元，增长12.7%。其中，工业增加值5 175.80亿元，增长12.3%。第三产

业增加值 6 672.51 亿元，增长 10.0%。重庆市非公经济实现增加值 8 750.14 亿元，增长 11.1%，占 GDP 的比重为 61.3%。

2014 年，重庆市完成固定资产投资 13 223.75 亿元，同比增长 18.0%。分产业看，第一产业投资 486.91 亿元，增长 10.3%。第二产业投资 4 167.87 亿元，增长 17.9%。其中，工业投资 4 163.91 亿元，增长 18.0%。第三产业投资 8 568.97 亿元，增长 18.5%。2014 年，重庆市居民消费价格同比上涨 1.8%，为五年来最低水平，其中居住价格上涨 1.6%。重庆市城镇常住居民人均可支配收入 25 147 元，同比增长 9.1%。

总体来看，2014 年重庆市经济运行总体平稳，稳中向好。2015 年，国家"一带一路"倡议和长江经济带战略实施，给重庆市开放开发带来新的战略机遇，加之重庆市五大功能区域战略的深入推进，全面深化改革任务的落实，各项红利将继续释放，重庆市经济增长有望继续保持稳中向好的良好态势。

(三) 房地产行业动态

中国指数研究院公布的数据显示，2014 年 1—12 月，重庆主城区商品房共成交 24.7 万套，月成交量 20 643 套，商品房总成交面积 2 233 万米^2，成交总额 1 704 亿元。其中沙坪坝区以成交 3.3 万套逆袭夺冠。

2014 年上半年 1 月成交开门红，除 2 月份外，成交都呈现上升趋势，在 4 月爆发小阳春，达到上半年的最高峰，下半年随着传统"金九银十"销售旺季的到来，成交也不断飘红，在年末 12 月成交达到 2014 年的峰值，完美收官。在 2014 年全国楼市整体不太景气的背景下，重庆市房地产市场并未受到严重影响。

2014 年成交均价 7 633 元/米^2，同比 2013 年的 7 257 元/米^2 上涨 376 元。总体来说价格在稳定上涨。从全年来看，房价在 12 月份突破 8 字头，达到历史峰值。

从 2014 年重庆市主城各区域成交情况来看，沙坪坝区稳居 2014 年成交冠军，2014 年沙坪坝区商品房成交 33 287 套，成交面积 283.03 万米^2，均价 6 100 元/米^2，随着沙区的交通及周边配套的完善，房价的优势，使得沙区在今年火爆异常，受到大多刚需购房族青睐。江北区与九龙坡区分别以 3.27 万套和 3.14 万套位居第二和第三。

2014 年重庆市房地产开发投资 3 630.23 亿元，同比增长 20.5%。商品房新开工面积 6 254.04 万米^2，同比下降 18.2%。施工面积 28 623.93 万米^2，同比增长 9.0%。竣工面积 3 717.78 万米^2，同比下降 2.3%。商品房销售面积 5 100.39 万米^2，同比增长 5.9%。其中，住宅销售面积 4 423.68 万米^2，同比增长 1.5%。

(四) 沙坪坝区域概况

1. 区域位置

沙坪坝区地处重庆市中心西北地带，最西北角距市中心 30 千米，全区位于重庆市

"一小时经济圈"内；地处长江以北、嘉陵江以南，川东平行山谷区，目前是重庆市的主城区之一。东与渝中区紧密相连，东北隔嘉陵江与渝北区相望，南邻九龙坡区，西倚歌乐山，北面与北碚区交界。目前区辖沙坪坝、小龙坎等12个城市街道办事处，歌乐山、井口等11个农村镇和联芳园区。东邻渝北区、江北区和渝中区，南、西界九龙坡区、璧山县，北接北碚区，紧邻重庆市高新技术产业开发区和北部新区。

沙坪坝是重庆市的科教文化中心和工业基地。沙坪坝区中部为歌乐山，是重庆市风景旅游区、国家森林公园，有"渝西第一峰""山城绿宝石"之称。此外，沙坪坝区还拥有多个大型公园，区内环境优美，成为重庆市重点旅游休闲地之一，是重庆重要的经济文化区。

2. 区域规划

沙坪坝区住宅功能规划见表1-1。

表1-1　　　　　　　　　　　　沙坪坝区住宅功能规划

住宅规划主要范围	区域规划功能	备　注
渝中区	现代繁荣商贸区	渝中区为输出型改善居住的区域，沙坪坝区为输入型改善居住的区域
沙坪坝区、北碚区	文教优势区	
渝北区、江北区、北部新区	新式高档住宅区	输入型高档居住发展区域
南岸区	景观住宅区	
九龙坡区、大渡口区	普通住宅聚集区	输入型工业人口密集区
巴南区	现代新型城镇	输入型城市化的扩大区域

城市住宅规划组团上，未来重庆市发展的主要方向是"持续向北"发展，本项目所在地规划功能为输入型居住发展区域，影响着项目的市场定位，片区定位对项目的形象有一定提升作用。

3. 区域经济发展

沙坪坝区实现地区生产总值809.2亿元，同比增长9.1%。其中，第一产业实现增加值5.6亿元，同比增长1.4%；第二产业实现增加值463亿元，同比增长9.4%；第三产业实现增加值340.6亿元，同比增长8.7%。产业结构持续趋优化，三次产业结构比为0.7∶57.2∶42.1。服务业增加值占比比去年同期提升1.6个百分点，拉动GDP增长3.5个百分点，高于去年同期0.2个百分点。

沙坪坝区完成固定资产投资491.7亿元，同比增长8.7%。其中，建设与改造投资243.3亿元，同比增长17.6%；房地产开发投资248.4亿元，同比增长1.2%。分产业看，第一产业完成固定资产投资 4.2 亿元，同比增长 40%；第二产业完成固定资产投资 52.7 亿元，同比下降 11%；第三产业完成固定资产投资 434.8 亿元，同比增长 11.5%。分园区看，大学城完成固定资产投资 138.6 亿元，同比增长 18%；微电园完成固定资产投资 73.8 亿元，同比增长 95.2%；物流园完成固定资产投资 31.6 亿元，同比增长 109.3%；台资园完成固定资产投资 6.9 亿元，同比下降 72.3%。

沙坪坝区房地产开发完成投资 248.4 亿元，同比增长 1.2%。商品房施工面积 1 987.8 万米^2，同比下降 1.5%；商品房销售面积 349.3 万米^2，同比增长 1.1%；商品房销售额 175.1 亿元，同比下降 15%；商品房待售面积 94.7 万米^2，同比增长 17.3%。

沙坪坝区居民人均可支配收入达 27 385 元，同比增长 8.6%。按常住地分，城镇常住居民人均可支配收入 28 264 元，同比增长 8.5%；农村常住居民人均可支配收入达 13 864 元，同比增长 10.7%。全年农村常住居民人均可支配收入实际增速快于城镇常住居民人均可支配收入 2.2 个百分点，城乡居民收入比为 2.04∶1，比上年下降 0.04 个百分点。

（五）西永片区分析

1. 西永地理位置

西永组团位于歌乐山和缙云山之间，是重庆市城市区副中心之一。其规划范围包括西永镇、土主镇、陈家桥镇和虎溪镇四个镇域范围，人口规模近期 18 万人，远期控制在 50 万人。建设用地规模 76.61 千米^2。

本项目位于西永商务片区，区域内主要以大学城教育、微电子高新技术以及高铁物流发展片区经济，片区经济发展成熟。

2. 西永城市功能定位

西永城市副中心是重庆主城区六大城市副中心之一，是重庆西部新城的核心组成部分，承载重庆市高科技产业、大学城、铁路物流及城市综合新区的城市功能，其核心区为大学城、高科技产业及物流园三大高地提供公共服务的现代化城市中心。

西永组团是重庆市西部新城的中部组团，以高等教育、高科技产业为主，是沙坪坝区城市功能的延伸和拓展，是体现山水园林城市和地域文化特色的现代化城市组团。

3. 西永区域规划

西永组团辐射图如图 1-2 所示。

重庆市西部新城将打造以沙坪坝区西永组团为中心，形成包括重庆大学城、西永微电园、台资信息产业园、物流园以及规划中的"城市中心区"；九龙坡区西彭等地、江津部分区域为沙区"次中心"；璧山部分区域为"配套"区域。

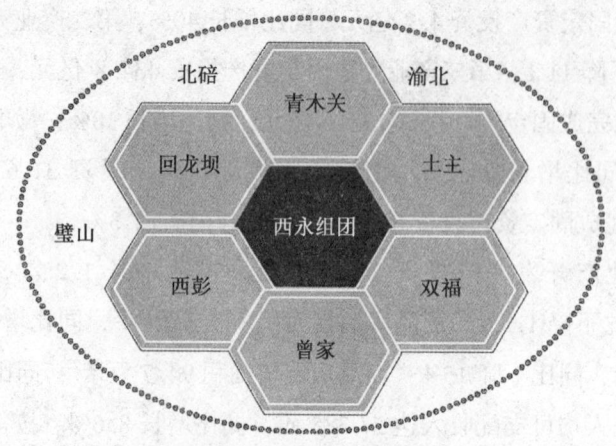

图1-2 西永组团辐射图

4. 西永交通规划

西永交通规划图如图1-3所示。

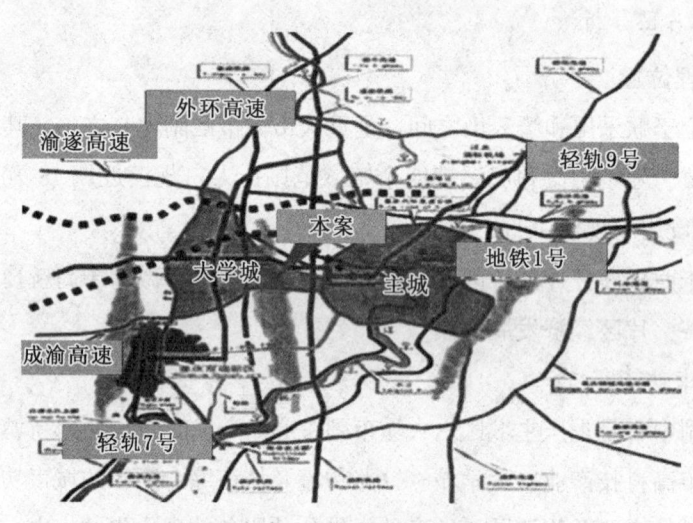

图1-3 西永交通规划图

西永区内有火车站6个，其中包括西南最大的铁路编组站——重庆东站和两个国家二级火车站（重庆北站、梨树湾客货站）。四通八达的公路构成沙坪坝区交通骨架，区内有国道和省道共5条，成渝高速公路、319国道的起点。西永距重庆市铁路物流中心1.8千米，到江北机场、龙头寺火车站、九龙坡港、寸滩深水港等主要交通枢纽均有城市快速干道相连接，车程不超过半个小时。此外，轻轨、立交桥业已在建设当中，沙坪坝区交通便利，是重庆市区物流、人流往来的重要枢纽；环城高速为目前通往大学城的主要交通干道；西永规划有轻轨1号线、7号线，并与外环高速、渝遂高速、襄渝铁路由南向北贯通连接，"三横三纵"的道路交通网络使进出区域畅通快捷。

5. 西永教育配套

西永教育配套如图 1-4 所示。

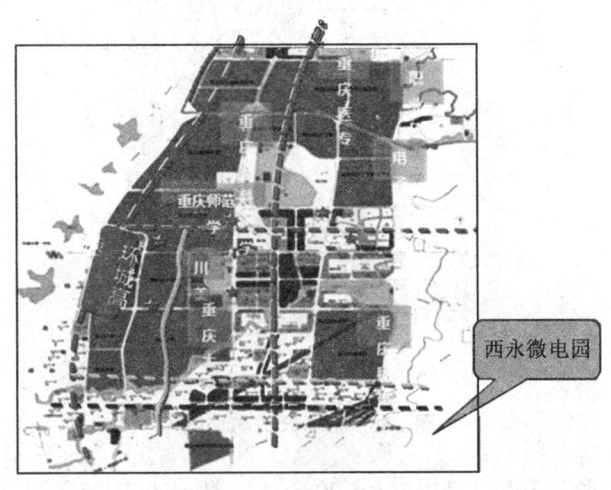

图 1-4　西永教育配套

重庆大学城位于沙坪坝区西部拓展区，规划面积 33 千米^2，规划人口 50 万人左右，是西部新城启动的第一个功能片区，以教育科研为主，是重庆市重要科教文化基础设施项目和重点工程；目前大学城板块已经拥有 15 所高校，100 多个科研院所；规划教师、学生人口约 15 万人，科教人员 10 万余名。高校 15 所，包括教育部直属的重庆大学、中国人民解放军第三军医大学、重庆医科大学、四川外语学院、西南政法大学、重庆师范大学等。西永片区教育资源丰富，各大高校云集，教育体系完善，使西永成为重庆市的教育基地。西永组团微电园缺乏教育配套，但临近大学城教育中心，可弥补其教育体系的不足。

6. 西永产业发展

西永产业布局如图 1-5 所示。

西永片区产业主要集中在物流园、大学城、微电园、保税 A/B 区，是集教育产业、高新技术产业、物流产业等产业为一体的核心区域。

西永微电子产业园区：规划面积 37 千米^2，由"一区五园"组成，即西永综合保税区、软件及服务外包产业园、集成电路产业园、基础电子产业园、创新创业产业园和企业服务园。年产值近 1 000 亿元。西永综合保税区规划面积 10.3 千米^2，是我国规划面积最大的综合保税区。西部现代物流园区规划面积为 33 千米^2，辐射全国，拥有国家战略地位的渝新欧铁路枢纽。重庆大学城规划面积 20 千米^2，重点发展教育产业，区域内

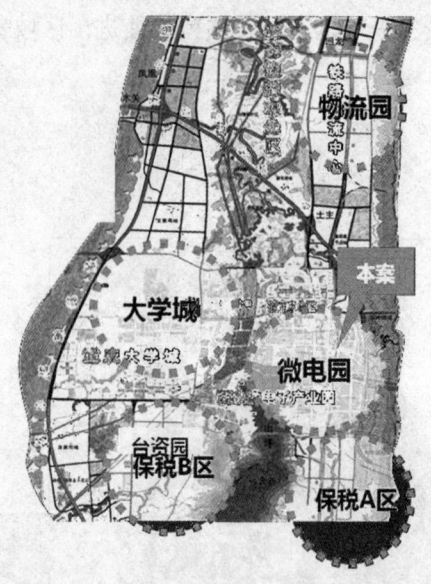

图 1-5 西永产业布局图

入驻大学 15 所，教师、学生人数 15 万~20 万人，社会人口 25 万人。物流园承担重庆及周边 300~500 千米集装箱运输的组织、编组、调配、资讯管理等作业，以及辐射全国的货物加工、储存、配送等功能。

7. 西永地产发展

沙坪坝区房地产市场为东、西两大区域，五大板块。西部沙坪坝区房地产开发集中区主要位于东部老城区和西永组团区。东部老城区主要包含四大板块——凤天路板块、沙坪坝中心区、沙滨路板块、杨公桥板块，这部分区域受到城市发展限制，目前房地产开发逐步趋于饱和。

西永组团以西永大学城为核心，逐渐成为沙坪坝区乃至整个重庆市房地产市场开发热地。受城市规划、交通及价格三大驱动力的影响，西永组团房产开发及发展前景较好。

随西永微电园和大学城发展，西永组团成为城市地产开发的新兴区域，富力、龙湖、卓越、金融街等重量级开发商相继进入区域，区域发展潜力大。

西永组团住宅大多为低密度、综合性社区，以高层、洋房、别墅为主；区域普通住宅套内均价 6 500 元/米^2，别墅类产品套内均价 1.0 万~1.2 万元/米^2。

三、重庆市房地产市场分析

（一）土地市场——供地收缩，成交量价齐降

1. 土地成交情况

2014 年重庆市土地成交面积与成交金额如图 1-6 所示。

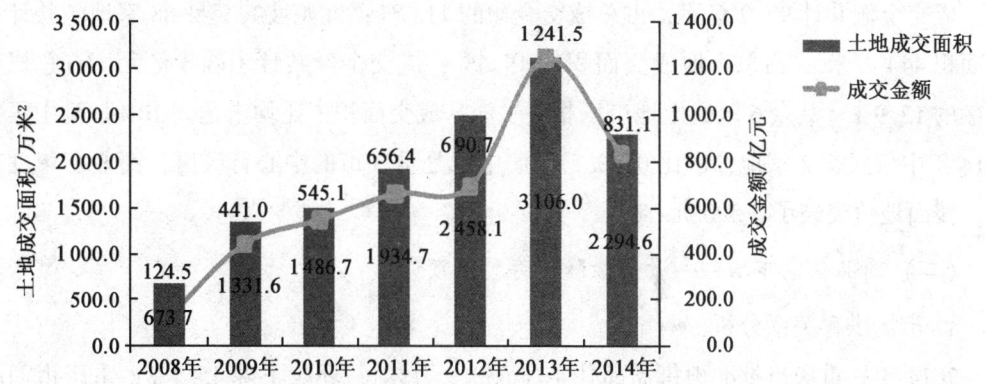

图1-6　2014年重庆市土地成交面积与成交金额

2014年重庆市共成交271宗土地，成交总面积共计2 294.6万米^2，环比下降26.1%；总成交金额达831.1亿元，环比下降33.1%。整体来看，经历了近年持续加热的土地市场在2014年出现下滑，但相比2008—2013年土地成交量大跳跃的趋势而言，2014年的土地市场更符合房地产市场的供需关系。

各土地用途中只有住宅用地的占比减小，其余用途的土地占比均有所增加，在土地总体成交量环比去年下降的情况下，用于商品住宅建设的土地必将大幅减少，这无疑给整个房地产市场发出了预警信号。

2. 热点区域分析

2014年重庆市各行政区土地成交面积占比如图1-7所示。

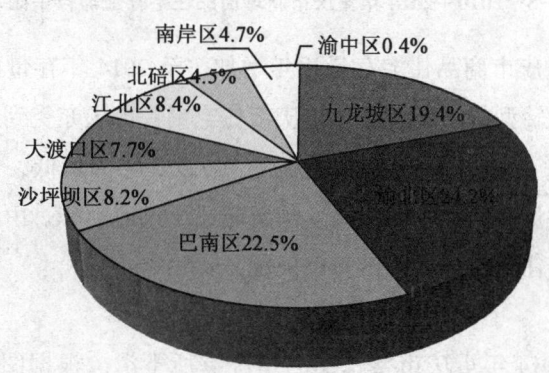

图1-7　2014年重庆市各行政区土地成交面积占比

由图1-7可知，重庆市渝北区、巴南区和九龙坡区的土地交易市场亦较为活跃。渝北区共交易51宗地，成交金额共计247.2亿元，占总成交金额的29.7%；共计成交面积556万米^2，占总土地成交面积的24.2%，是成交金额和面积最大的行政区。巴南区共交易35宗地，共计成交面积516.1万米^2，占总土地成交面积的22.5%，仅次于渝北区，成交金额共计 97.2 亿元，占总成交金额的 11.7%；九龙坡共交易 88 宗地，共计成交面积 444 万米^2，占总土地成交面积的 19.4%，成交金额共计 106.8 亿元，占总成交金额的 12.9%。其余 6 区的土地市场相对平淡，成交面积占比均未达到 10%。渝中区在 2014 年中仅成交 2 宗地，占比 0.4%，但渝中区是重庆市的中心行政区，商业密集度较大，楼面地价突破了 5 500 元/米^2。

（二）商品住宅市场——量价微降，存量峰顶

1. 市场供存关系分析

2014 年，重庆市批准预售商品住宅 1 650.9 万米^2，环比下降 15.1%；重庆市商品住宅存量 1 699.6 万米^2，存销比为 0.96。如图 1-8 所示。

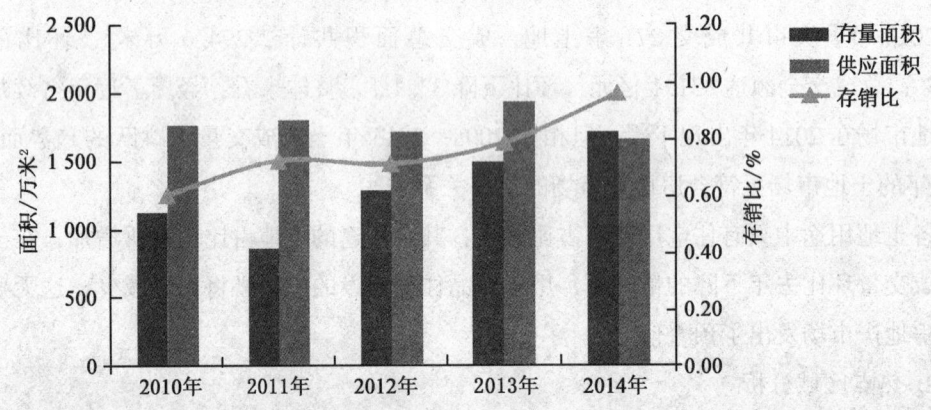

图 1-8　2010—2014 年重庆市新增商品住宅存量与存销比

由图 1-8 可知，重庆市商品住宅存量逐年增加，至 2014 年存量面积为近 5 年内峰值。另外在整个房地产转型的大环境下，重庆市住宅销售市场亦受到影响，全年商品住宅共计成交 1 774 万米^2，环比下降近 7 个百分点，乃近 3 年内最低，供应市场虽减缓入市步伐，但商品住宅存量面积仍一路走高，甚至超过了供应面积。由此可见，存量面积高居不下将会是重庆市住宅市场面临的首要问题。

2. 市场成交分析

（1）整体走势。2014 年重庆市楼市交易情况有所下滑。根据图 1-9 中数据显示，2014 年重庆市商品住宅共成交 187 107 套，环比下降 4.5%；成交面积 1 774 万米^2，环比下降 6.8%；成交均价为 6 756 元/米^2，环比下降 3.2%。

（2）区域分析。图 1-10 为 2014 年重庆市各区商品住宅成交面积比重。2014 年重庆市主城区中除了大渡口区和渝中区商品住宅成交面积占比较小外，其余各大行政区销售面积所占总比相差不大。沙坪坝区共计成交 26 287 套，交易面积为 237.1 万米^2，占主城九区总成交面积的 16.1%，是重庆市主城九区中成交量最大的行政区；九龙坡区共

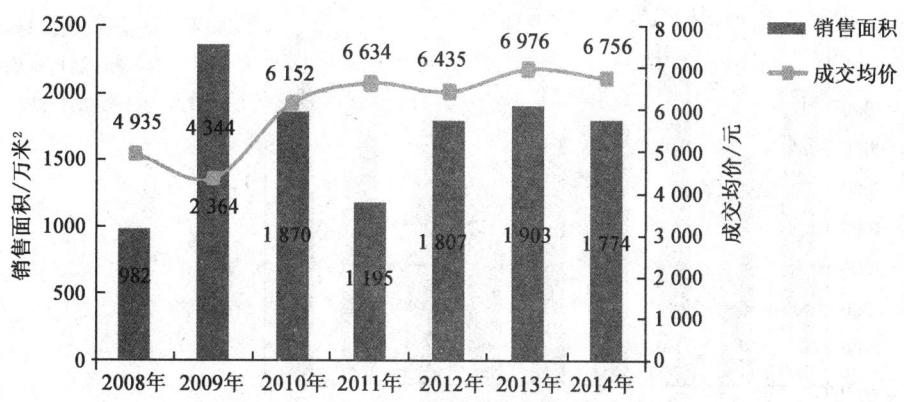

图 1-9 2008—2014 年重庆市商品房成交情况

成交 26 069 套，共计面积为 232.9 万米^2，占主城九区总成交面积的 15.8%；而渝中区因所辖范围内可利用的土地资源有限，对房地产开发有一定的制约，大渡口区因经济发展相对滞后，区位优势不明显，两大行政区商品住宅成交均为 6 000 套，成交面积共计 87.3 万米^2，总占比仅为主城九区的 6%。

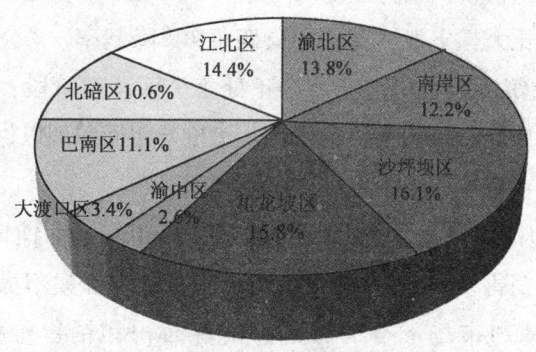

图 1-10 2014 年重庆市各区商品住宅成交面积比重

图 1-11 为 2013—2014 年重庆市各区域房价情况。从各行政区成交价格来看，渝中区处于重庆市商业中心，配套齐全、市场活跃，其成交均价达 8 553 元/米^2，是主城九大行政区中商品住宅成交均价最高的，环比上涨 4%。而沙坪坝区、北碚区公共设施生活配套还有待完善，致使其成交均价是重庆市主城九大行政区中偏低的，交易均价分别为 5 581 元/米^2、5 440 元/米^2，此外，南岸、巴南两区涨幅最大，其中南岸区成交均价为 8 030 元/米^2，环比上涨 7.4%；巴南区成交均价为 6 300 元/米^2，环比上涨 7.1%，而北碚区成交均价为 5 440 元/米^2，环比下降 12.3%；江北区成交均价为 6 838 元/米^2，环比下降 12.7%，是下跌幅度最大的两个行政区。

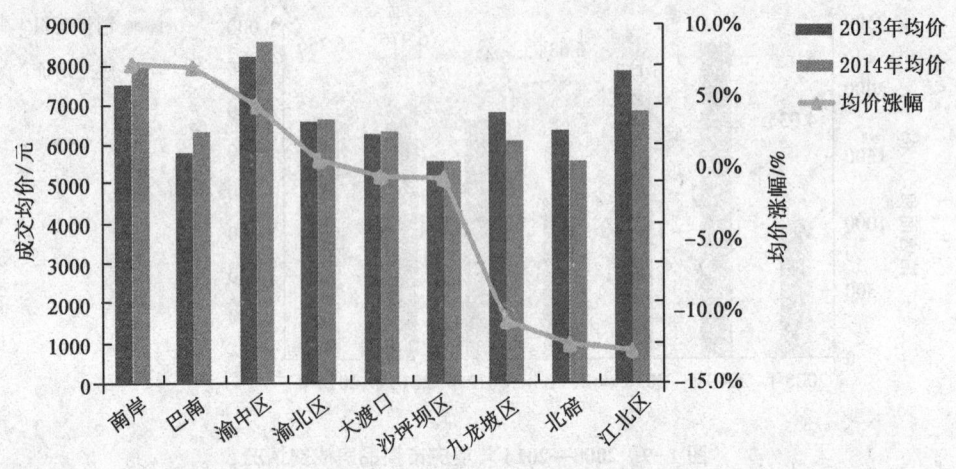

图1-11 2013—2014年重庆市各区域房价情况

四、重庆市房地产市场预警分析

在现阶段全国房地产市场面临行业发展不景气、房地产投资增速明显放缓,从房地产销售面积和销售额同比大幅下滑,受到"央四条""降基率""公积金异地互用"等到逐步"取消限购"政策影响,房地产市场正处于全面调整阶段,从全国房地产市场整个发展的趋势来看,房地产市场将持续优化,房价有望回归到以供需关系为主导地位的销售市场,实现市场在资源配置中发挥决定性作用。

2014年重庆市房地产市场的销售情况,从写字楼市场、商铺市场的销售情况看,销售面积呈上升趋势。销售价格较2013年也有所上涨,但涨幅不大。而重庆市商品住宅市场则受到全国房地产市场下行的影响,销售面积和销售价格分别下降6.8%、3.2%,下降的幅度不大,从销售面积和销售价格的成交数据来看受其影响程度较小。但也有局部地区商品房销售价格下降幅度较大的,如沙坪坝区大学城地区销售价格较2013年下降了近20%,分析其原因有三:一是该地区整体基础设施配套还处于完善中;二是整体来看房地产开发过剩,超出了需求市场的消化能力;三是商品住宅的消费群体对投资大学城地区还有所观望。出现大学城地区住宅市场成交大幅下滑是属于个别现象,目前重庆市主城房地产市场整体并没有出现像全国其他城市成交大幅下滑的局面,从写字楼、商铺、商品住宅整体的交易数据来分析,重庆市房地产整体处于一个较为健康的发展态势。

【任务小结】

本次任务共分为三部分内容进行分析:项目本体分析、投资环境分析、房地产市场分析。项目本体分析是从地块本身条件出发，分析其发展潜力及适合开发的物业类型，并结合地块的优劣势进行优势资源的强化利用；投资环境分析则是选择影响项目开发、销售及未来获利情况和风险大小的重要影响因素进行分析，诸如国家及地方房地产政策、区域经济发展、片区城市规划等；房地产市场分析则从土地市场和商品房入手，通过数据的统计分析来分析区域内的房地产成交情况、开发情况等。通过这三方面内容的分析，能够初步判断项目开发即将面临的市场状况，并且能够预测未来的开发风险大小，并且通过市场数据的掌握能够为项目的定位提供一定的思路。

【课后自测】

一、思考题

（1）请说明投资环境分析的要素包括哪些。

（2）请说明房地产市场分析的层次是什么。

（3）请说明房地产市场分析的基本内容包括哪些。

二、选择题

（1）投资环境是一个包含多要素的有机整体，系统各要素相互联系、相互制约，体现了投资环境具有（　　）的特征。

  A. 系统性　　　　　B. 动态性　　　　　C. 主导性　　　　　D. 区域性

（2）政府及公众对待外资的态度属于房地产投资要素中的（　　）。

  A. 社会文化因素　　　　　　　　B. 政治因素

  C. 法律因素　　　　　　　　　　D. 自然环境因素

（3）房地产市场分析的最终目的是（　　）。

  A. 帮助投资者掌握市场动态　　　B. 帮助投资者把握市场机会

  C. 使投资者的预期尽可能靠近实际结果　　D. 帮助投资者调整市场行为

（4）房地产市场分析的作用有（　　）。

  A. 掌握房地产市场需求变化的态势　　B. 有利于投资决策

  C. 为房地产价格确定提供依据　　　　D. 搜集房地产市场信息

  E. 完善房地产市场结构

（5）房地产市场分析的三个层面是指（　　）。

  A. 城市房地产市场分析　　　　　B. 区域房地产市场分析

C. 房地产项目市场分析　　　　　　D. 全国房地产市场分析

E. 局部房地产市场分析

【答案】(1) A；(2) B；(3) C；(4) ABC；(5) ABC。

任务二　产品规划设计

【知识目标】

(1) 了解产品规划设计的基本内容。

(2) 理解计容建筑面积的基本含义。

(3) 掌握容积率、建筑密度的基本含义及算法。

(4) 掌握绿地率和绿化率的联系与区别。

【技能目标】

(1) 能够读懂产品规划设计图。

(2) 能够进行容积率、建筑密度、绿地率等指标的测算。

【任务描述】

项目的可行性研究是基于已经设计好的产品方案进行的，即在进行投资估算或收入估算之前已经确定好了该地块拟建设的内容，形成了一整套概念方案设计图。这些设计图包括项目平面图、建筑设计图、景观图、道路交通设计图等。因此，本任务的内容是对已经设计好的产品规划设计图进行研读，了解产品方案设计的内容，并且能够理解各项规划指标的含义和算法。

【任务分析】

本任务实施的重点是对项目产品的规划指标进行研究，即该项目的占地面积、总建筑面积大小，建筑面积在各物业类型之间如何分配，容积率、建筑密度的计算方法以及这些面积的分配有何关系，等等。

【知识平台】

一、居住区规划设计术语

(一) 居住区

居住区按居住户数或人口规模可分为居住区、小区、组团三级。居住区泛指不同居住人口规模的居住生活聚居地和特指被城市干道或自然分界线所围合,并与居住人口规模(3.0万~5.6万人)相对应,配建有一整套较完善的、能满足该区居民物质与文化生活所需的公共服务设施的居住生活聚居地。小区是指被城市道路或自然分界线所围合,并与居住人口规模(1.0万~1.5万人)相对应,配建有一套能满足该区居民基本的物质与文化生活所需的公共服务设施的居住生活聚居地。组团指一般被小河或道路分隔,并与居住人口规模(1 000~3 000人)相对应,配建有居民所需的基层公共服务设施的居住生活聚居地。

各级标准控制规模应符合表1-2中的标准。

表1-2　　　　　　　　　　居住区分级控制规模

指标	居住区	小区	组团
户数/户	1.0万~1.6万	3 000~5 000	300~1 000
人口/人	3.0万~5.6万	1.0万~1.5万	1 000~3 000

(二) 居住区用地

居住区用地是住宅用地、公建用地、道路用地和公共绿地等四项用地的总称。

住宅用地(R01)是住宅建筑基底占地及其四周合理间距内的用地(含宅间绿地和宅间小路等)的总称。公建用地(R02)即公共服务设施用地,是与居住人口规模相对应配建的、为居民服务和使用的各类设施的用地,应包括建筑基底占地及其所属场院、绿地和配建停车场等。道路用地(R03)是指居住区道路、小区路、组团路及非公建配建的居民汽车地面停放场地。公共绿地(R04)是指满足规定的日照要求、适合于安排游憩活动设施的、供居民共享的集中绿地,应包括居住区公园、小游园和组团绿地及其他块状、带状绿地等。

(三) 道路红线、建筑线

道路红线是指城市道路(含居住区级道路)用地的规划控制线。建筑线一般称建筑控制线,是建筑物基底位置的控制线。

（四）日照间距系数

日照间距系数是根据日照标准确定的房屋间距与遮挡房屋檐高的比值。

（五）建筑小品

建筑小品是指既有功能要求，又具有点缀、装饰和美化作用的、从属于某一建筑空间环境的小体量建筑、游憩观赏设施和指示性标志物等的统称。

二、产品规划设计指标

（一）计容建筑面积

计容建筑面积即计算容积率部分的建筑面积。

$$总建筑面积=计容建筑面积+不计容建筑面积$$

其中，不计容面积按照各地方规划部分的规定，各地稍有不同。重庆地区地下车库及与车库有关的设备用房就可以不计容；可以作为公共绿地使用的架空层面积也可不计容，等等。

（二）绿地率与绿化率

绿地率描述的是居住区用地范围内各类绿地的总和与居住区用地的比率（%）。绿地率所指的"居住区用地范围内各类绿地"主要包括公共绿地、宅旁绿地等。其中，公共绿地又包括居住区公园、小游园、组团绿地及其他的一些块状、带状化公共绿地。

绿化率是一个不准确、不规范的用词，准确的提法应为"绿化覆盖率"。绿化覆盖率是指绿化垂直投影面积之与小区用地的比率。树的影子、露天停车场、可以中间种草的方砖都可算入绿化覆盖率，所以绿化覆盖率有时能做到60%以上。购房人要注意房地产商在销售楼盘时宣传的绿化率实际不少是指绿化覆盖率。

（三）公摊系数

房屋面积的公摊系数的计算公式为：公摊系数=公摊面积/套内建筑面积。然后，各套（单元）的套内建筑面积乘以公摊系数，就能得到购房者应合理分摊的公用建筑面积。即

$$每一户分摊的公用建筑面积=公摊系数×套内建筑面积$$

（四）得房率

得房率，是指可供住户支配的面积与每户建筑面积（包括公用部分面积）之比，即指套内建筑面积与套（单元）建筑面积之比。

套（单元）建筑面积＝套内建筑面积+公摊面积

套内建筑面积＝套内使用面积+套内墙体面积+阳台建筑面积

得房率是买房比较重要的一个指标。计算房屋面积时，计算的是建筑面积，所以得房率太低，不实惠；得房率太高，不方便，因为得房率越高，公共部分的面积就越少，住户也会感到压抑。一般得房率在70%左右比较合适，公共部分宽敞气派，分摊的面积也不会太多，比较实惠。

（五）建筑容积率

建筑容积率简称容积率，又称地积比率，是指总建筑面积与建筑用地面积的比值。由于高层建筑的存在，容积率数值可以大于1。容积率是城市计划中的一个重要技术指标，它间接反映了单位土地上所承载的各种人为功能的使用量，即土地的开发强度。

建筑容积率＝建筑面积/总用地面积

（六）建筑密度

建筑密度，指在一定范围内，建筑物的基底面积总和与占用地面积的比例（%）。是指建筑物的覆盖率，具体指项目用地范围内所有建筑的基底总面积与规划建设用地面积之比，它可以反映出一定用地范围内的空地率和建筑密集程度。

（七）人口毛密度、人口净密度

人口毛密度是指每公顷居住区用地上容纳的规划人口数量。人口净密度是指每公顷住宅用地上容纳的规划人口数量。

（八）住宅建筑套密度（毛）、住宅建筑套密度（净）

住宅建筑套密度（毛）是指每公顷居住区用地上拥有的住宅建筑套数。住宅建筑套密度（净）是指每公顷住宅用地上拥有的住宅建筑套数。

（九）住宅面积毛密度、住宅建筑面积净密度

住宅面积毛密度是指每公顷居住区用地上拥有的住宅建筑面积。住宅建筑面积净密度是指每公顷住宅用地上拥有的住宅建筑面积。

【任务实施】

欧鹏集团旗下的学欧房地产开发公司目前正在进行C项目的可行性研究。该地块位于重庆沙坪坝区大学城，具有一定的发展潜力。公司已经将产品的研发设计业务外包，目前已经形成了成套的产品规划设计方案，具体见表1-3~表1-6和图1-12~图1-14。

表1-3　　　　　　　　　　　　　　　产品经济技术指标

项目	计量单位	数值	项目	计量单位	数值
总建设用地面积	米²	74 300	建筑密度	%	<35%
居住总户数	户	2 456	容积率	—	2.9
总居住人数	人	7 860	绿地率	%	≥30%
总建筑面积	米²	294 753.75	停车位	个	2 168
地上建筑面积	米²	216 873.75	地下建筑面积	米²	77 880.00

表1-4　　　　　　　　　　　　产品组合各功能区面积及配比

产品组合		建筑面积/米²	面积比例/%
高层	高层26F+20F	200 764.1	68.11
商业	底商+商业楼	12 837.03	4.36
其他	幼儿园、托老所	2 287.52	0.78
	配套设施	985.1	0.33
	小计	3 272.62	1.1
地上合计		216 873.75	73.57
地下建筑	车库及设备用房	77 880	26.43
地下合计		77 880	26.43
合计		294 753.75	100

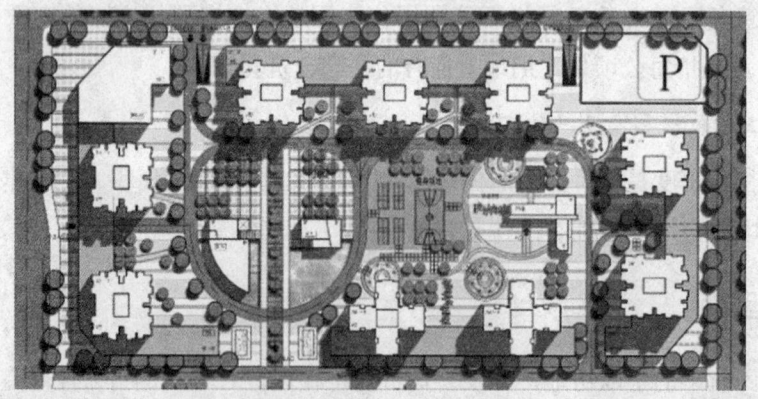

图1-12　C项目总平面图

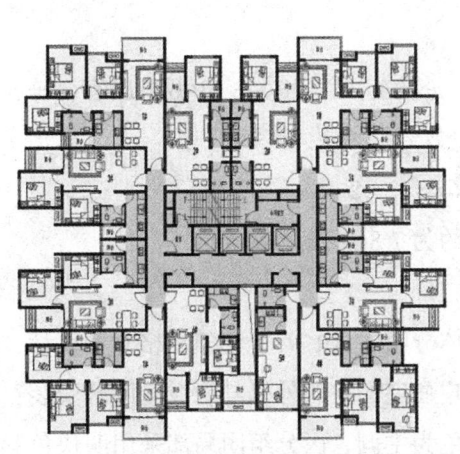 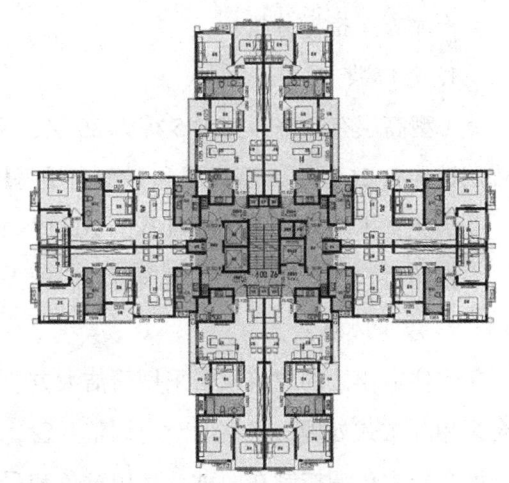

图 1-13 高层 A 楼栋平面图　　　　图 1-14 高层 B 楼栋平面图

表 1-5　　　　　　　　　　高层 A 建筑面积统计表

编号	户型	套内面积/米²	建筑面积/米²	户数/套
1	三室两厅一卫	83.58	99.79	3
2	一室一厅一卫	54.36	64.90	2
3	两室两厅一卫	61.17	73.03	4
4	两室两厅一卫	76.02	90.77	1
5	单间配套	36.72	43.84	1
6	两室两厅一卫	60.12	71.78	1
	小计	777.00	927.71	12

表 1-6　　　　　　　　　　高层 B 建筑面积统计表

编号	户型	套内面积/米²	建筑面积/米²	户数/套
1	三室两厅一卫	90.32	105.33	4
2	三室两厅一卫	87.33	101.79	4
	小计	710.60	828.48	8

产品方案指标分析：

1. 总户数

A 型高层有 7 栋，其中 5 栋为 26 层，两栋（靠左）为 20 层；B 型高层有 2 栋，每栋层数均为 26 层；A 型高层和 B 型高层每层户数分别为 12 户和 8 户。

因此，本项目户数 = 26×12×5+20×12×2+26×8×2 = 2 456 户。

按照每户 3.2 人计算，该项目可容纳人数约为 7 860 人。

2. 建筑风格

本住宅小区的建筑风格采用简洁大方、形体分明的 Art Deco 建筑风格立面设计，阳台采用开敞式处理，平立面对应调整开窗，每户住宅的空调外机与管线均隐蔽安装；对立面色彩主色调控制在两种，运用黄色和深灰色为主调，区分组团局部采用明快色彩以标示，保持建筑外立面的整洁统一，提高在城市空间中的可识别性。

3. 内部道路交通

该项目采用人车分流的交通系统，在 L41/03 场地东侧及西北侧布置车行出入口，在南侧及东、西侧布置人行主要出入口；沿小区内部四周设计一条 6 米宽的居住区环行车行道，分别与地下车库形成出入口，机动车辆不直接进入中庭休闲绿地，实行人车分流确保行人安全。消防紧急通道可穿越中庭休闲绿地与小区环形机动车道连接，为紧急救援提供了可能。

4. 景观与园林绿化

在方案设计中，建设用地西侧、北侧和南侧结合市政公共绿地及建筑空间形态布置了景观平台及城市开敞空间，在市政公共绿地、观景景观绿地、住宅组团围合的内部庭院空间中布置了浅丘草坪绿化、乔灌木绿化与水景结合的中庭休闲绿地共 20 500 米^2；沿着场地边沿和环形机动车道设置场地防护绿地；在西北侧、南侧结合小区人行出入广场和配套商业用房布置了开敞的城市公共绿地。小区绿地率达到了 30% 以上（不含城市公共绿地）。

【任务小结】

本任务是在已有产品规划设计方案基础上进行的产品深层次解读。通过本任务的学习，熟悉该项目的平面布局设计、高层楼栋设计、户型设计、各功能区面积配比及各项经济技术指标要求，为进一步进行项目的投资估算和收入估算奠定良好基础。在任务操作过程中，应重点关注以下三方面内容：①高层、商业、配套及车库的面积配比；②户型种类及面积大小；③小区楼栋分布位置。只有在解决这些关键问题的基础上，才能准确测算项目的成本费用和不同物业类型的销售收入，同时也为销售价目表的制作提供依据。

【课后自测】

（1）已知一房地产开发项目的占地面积为 3.3 万米^2，建筑面积为 8.0 万米^2，绿地率为 35%，建筑基底面积为 1.2 万米^2。请计算该项目的容积率、建筑密度、绿地面积。

（2）请说明建筑面积、套内面积、套内使用面积之间的关系。

（3）请说明绿地率与绿化率的联系和区别。

任务三　项目投资估算

【知识目标】

（1）掌握房地产项目成本费用的基本构成。

（2）掌握房地产成本费用的基本算法。

【技能目标】

能够进行房地产开发项目的成本费用估算。

【任务描述】

在投资环境和市场分析的基础上，开发商进行了产品的规划设计。该产品设计能否给开发商带来可观的利润是开发商关注的重点。利润的测算是可能的项目收入减去项目成本。在项目收入一定的前提下，项目成本越高则开发商利润越低。因此，本项目的任务内容是在产品规划设计的基础上进行该项目的成本费用测算，估算项目开发建设总额，为项目的盈利能力水平的评价提供基础数据准备。

【任务分析】

房地产开发项目的投资总额是由各项成本费用构成的，如土地费用、建安费用、管理费用等。因此，要进行项目的投资估算，先要明确成本费用的构成有哪些，这些成本费用是如何进行测算的，各项成本费用之间的测算是否存在一定的联系等问题，然后通过编制投资估算表，按照相应的计算方法进行测算即可。项目投资估算流程如图 1-15 所示。

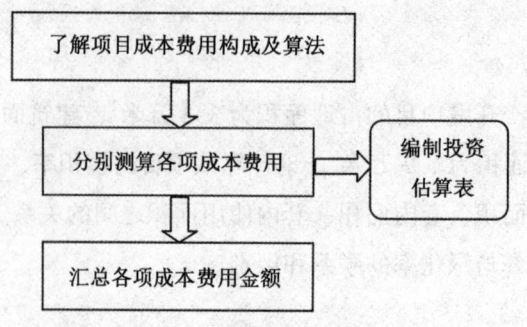

图 1-15　项目投资估算流程图

【知识平台】

一、房地产开发投资及成本费用构成

在房地产开发所进行的投资分析中，其投资及成本费用由以下几部分构成：

（1）土地费用；

（2）前期工程费；

（3）基础设施建设费；

（4）建筑安装工程费；

（5）公共配套设施建设费；

（6）开发间接费；

（7）管理费用；

（8）销售费用；

（9）财务费用；

（10）销售费用；

（11）开发期间税费；

（12）其他费用；

（13）不可预见费。

二、土地费用

房地产开发商取得土地的方式主要有出让、转让、股东以土地投资入股、租赁用地等。因此房地产开发项目的土地费用有以下几种：划拨或征用土地的土地征用拆迁费、出让土地的土地出让地价款、转让土地的土地转让费、租用土地的土地租用费、股东投资入股土地的投资折价。

(一) 划拨或征用土地的土地征用拆迁费

土地征用拆迁费分为农村土地征用拆迁费和城镇土地拆迁费。

农村土地征用拆迁费，主要包括土地补偿费、青苗补偿费、地上附着物补偿费、安置补助费、新菜地开发建设基金、征地管理费、耕地占用税、拆迁费、其他费用。

城镇土地拆迁费，主要包括地上建筑物、构筑物、附着物补偿费，搬家费、临时拆迁安置费，周转房摊销以及对于原用地单位停产、停业补偿费，拆迁管理费和拆迁服务费等。

1. 农村土地征用补偿费用的计算

(1) 土地补偿。征收耕地的土地补偿费为该耕地被征前三年平均年产值的6~10倍；征收其他土地补偿费标准由省、自治区、直辖市参照征收耕地的补偿费标准规定。

(2) 安置补助费。征收耕地的安置补助费，按照需要安置的农业人口计算，每一个需要安置的农业人口的安置补助费标准，为该耕地被征前三年平均年产值的4~6倍。每公顷被征收耕地的安置补助费，最高不得超过被征收前三年平均年产值的15倍。征收其他土地的安置补助费，由省、自治区、直辖市参照征收耕地的安置补助费标准规定。

(3) 地上附着物和青苗补偿费。地上附着物和青苗补偿费标准由各省、自治区、直辖市规定。

2. 农村土地征用其他费用

(1) 新菜地开发建设基金。征收城市郊区菜地，按照国家有关规定缴纳新菜地开发建设基金。

(2) 征地管理费。由用地单位在征地费总额的基础上支付一定比例的管理费用。

(3) 耕地占用税。占用耕地建房或者从事非农业建设的单位和个人，应当缴纳耕地占用税。具体标准如下：

①人均耕地不超过1亩①的地区（以县级行政区域为单位，下同），为10~50元/米^2；

②人均耕地超过1亩但不超过2亩的地区，为8~40元/米^2；

③人均耕地超过2亩但不超过3亩的地区，为6~30元/米^2；

④人均耕地超过3亩以上的地区，为5~25元/米^2。

---

① 《中华人民共和国耕地占用税暂行条例实施细则》中使用亩为计量单位，这里延用亩为计量单位（1亩≈666.7米^2）。

（二）其他方式取得土地使用权的土地费用

1. 土地出让地价款

土地出让地价款是指国家以土地所有者的身份将土地使用权在一定年限内让予土地使用者，并由土地使用者向国家支付的土地使用权出让金及其他款项。主要包括向政府缴付的土地使用权出让金和根据土地原有状况需要支付的拆迁补偿费、安置费、城市基础设施建设费或征地费等。

2. 土地转让费

土地转让费是指土地受让方向土地转让方支付土地使用权的转让费。

3. 土地租用费

土地租用费是指土地租用方向土地出租方支付的费用。

4. 土地投资折价

房地产项目土地使用权可以来自房地产项目的一个或多个投资者的直接投资。在这种情况下，不需要筹集现金用于支付土地使用权的获取费用，但一般需要对土地使用权评估作价。

三、前期工程费估算

房地产项目前期工程费主要包括开发项目前期规划、设计、可行性研究费用，水文、地质勘测费用，以及"三通一平"等阶段的费用支出。

项目规划、设计、可行性研究所需费用支出一般可按项目总投资的一定百分比估算，一般情况下，规划设计费为建安工程费的3%左右，可行性研究费用约占项目总投资的0.1%~0.3%。

项目水文、地质勘测所需要费用支出根据工作量估算。一般为设计概算的0.5%左右。

"三通一平"费用主要包括场地平整费用和通水、通电、通路的费用。这些费用的估算可根据实际工作量，参照有关计费标准估算。一般为设计概算的0.35%。

四、基础设施建设费估算

基础设施建设费是指建筑物2米以外和项目用地规划红线以内的各种管线和道路等工程的费用，主要包括供水、供电、供气、排污、绿化、道路、路灯、环卫设施的建设费用，以及各项设施与市政设施干线、干管、干道的接口费用。一般按实际工程量估算。具体估算方法可以采用单元估算法、单位指标估算法、工程量近似匡算法、概算指标法等方法。

五、建筑安装工程费估算

建筑安装工程费是指建造房屋建筑物所发生的建筑工程费用、设备采购费用、安装工程费用和室内装饰家具费等。建筑安装工程费用估算可以采用单元估算法、单位指标估算法、工程量近似匡算法、概算指标估算法、概预算定额法，也可以根据类似工程经验进行估算。

六、公共配套设施建设费估算

公共配套设施建设费是指居住小区内为居民服务配套建设的各种非营利性的公共配套设施（又称公建设施）的建设费用，公共配套设施主要包括居委会、派出所、托儿所、幼儿园、锅炉房、变电室、公共厕所、停车场等。一般按规划指标和实际工程量估算。

七、开发间接费用

开发间接费是指房地产开发企业所属独立核算单位在开发现场组织管理所发生的各项费用。主要包括工资、福利费、折旧费、修理费、办公费、水电费、劳动保护费、周转房摊销和其他费用等。

八、管理费用估算

管理费用是指房地产开发企业的管理部门为组织和管理房地产项目的开发经营活动而发生的各项费用。主要包括管理人员工资、职工福利费、办公费、差旅费、折旧费、修理费、工会经费、职工教育经费、劳动保险费、待业保险费、董事会费、咨询费、审计费、诉讼费、排污费、绿化费、房地产税、车船使用税、土地使用税、技术转让费、技术开发费、无形资产摊销、开办费摊销、业务招待费、坏账损失、盘亏、毁损和报废损失以及其他管理费用等。管理费用一般按开发成本的3%~5%来进行估算。

九、财务费用估算

财务费用是指房地产开发企业为筹集资金而发生的各项费用。主要包括借款和债券的利息、金融机构手续费、融资代理费、外汇汇兑净损失以及企业筹资发生的其他财务费用。在项目实际估算过程，财务费用主要涉及贷款期利息。利息可参考同期银行一年期贷款利率，并采用复利计算，而利息之外的其他融资费用则一般按照利息支出的10%

来进行估算。

十、销售费用估算

销售费用是指房地产开发企业在销售房地产产品过程中发生的各项费用，以及专设销售机构或委托销售代理的各项费用。主要包括销售人员工资、奖金、福利费、差旅费、销售机构的折旧费、修理费、物料消耗、广告费、宣传费、代销手续费、销售服务费及预售许可证申领费等。

综合起来为：①广告宣传及市场推广费，一般为销售收入的2%~3%；②销售代理费，一般为销售收入的1.5%~2%；③其他销售费用，一般为销售收入的0.5%~1%。以上各项合计，销售费用占到销售收入的4%~6%。

十一、开发期间税费估算

开发期间税费是指项目所负担的与房地产投资有关的各种税金和地方政府或有关部门征收的费用。主要包括土地使用税、市政管线分摊费、供电贴费、用电权费、绿化建设费、电话初装费、分散建设市政公共设施建设费等。各项税费应根据当地有关法规标准估算。

十二、其他费用估算

其他费用主要包括临时用地费和临时建设费、工程造价咨询费、总承包管理费、合同公证费、施工执照费、工程质量监督费、工程监理费、竣工图编制费、工程保险费等。这些费用按当地有关部门规定的费率估算，一般占投资额的2%~3%。

十三、不可预见费估算

房地产项目投资估算应考虑适当的不可预见费用。不可预见费即预备费，预备费包括基本预备费和涨价预备费。基本预备费是指针对在项目实施过程中可能发生的难以预料的支出，需要事先预留的费用，主要是指设计变更及项目建设过程中可能增加的工程量费用，又称工程建设不可预见费。涨价预备费是指针对建设项目在建设期间由于材料、人工、设备等价格可能发生的变化而事先预留的费用，也称价格变动不可预见费。不可预见费根据项目的复杂程度和前述各项费用估算的准确程度，以上述各项费用之和的3%~7%估算。

【任务实施】

1. 步骤一：土地取得成本测算

表1-7为土地取得成本。

表1-7 土地取得成本

序号	项目名称	金额 /万元	单方造价 （按总建筑面积） /（元·米$^{-2}$）	建筑面积 /米^2	备注
一	土地取得成本	44 954.12	—	216 873.75	该项建筑面积为地上建筑面积
1	土地（招拍挂）成本	43 374.75	2 000.0	216 873.75	用市场比较法测算楼面地价
2	契税	1 301.24	60.00	216 873.75	按土地招拍挂成本的3%计
3	配套费契税	256.44	11.82	216 873.75	城市建设配套费×3%
4	土地交易费	21.69	1.00	216 873.75	1亿元以上按土地招拍挂成本的0.05%计

（1）土地招拍挂成本=楼面地价×地上建筑面积

其中，楼面地价的确定要参考类似地块的成交价格进行确定，具体可以采取市场比较法来进行估价。

（2）契税=土地招拍挂成本×3%

（3）配套费契税=城市建设配套费×3%

城市建设配套费=290×总建筑面积

（4）土地交易费=土地招拍挂成本×0.05%

2. 步骤二：前期工程费的测算

前期工程费见表1-8。

表1-8 前期工程费

序号	项目名称	金额 /万元	单方造价 （按总建筑面积） /（元·米$^{-2}$）	建筑面积 /米^2	备注
二	前期工程费	11 957.53	—	—	该项建筑面积为地上加地下的总建筑面积
1	可行性研究及定位费用	20.00	0.68	294 753.75	预计20万元左右

续表 1-8

序号	项目名称	金额/万元	单方造价（按总建筑面积）/（元·米$^{-2}$）	建筑面积/米^2	备注
2	规划设计费	1 179.02	40.00	294 753.75	40 元/米^2
3	勘测费	294.75	10.00	294 753.75	10 元/米^2
4	"三通一平"	736.88	25.00	294 753.75	25 元/米^2
5	规费	9 579.50	325.00	294 753.75	含人防异地建设费、城市建设配套费、其他费用等
(1)	城市建设配套费	8 547.86	290.00	294 753.75	290 元/米^2
(2)	人防异地建设费	589.51	20.00	294 753.75	20 元/米^2
(3)	其他费用	442.13	15.00	294 753.75	15 元/米^2
6	监理费	147.38	5.00	294 753.75	5 元/米^2

（1）本次可行性研究费用按照 20 万元估计。

（2）规划设计费、勘测费、"三通一平"费根据每平方米造价进行估算。每平方米造价根据市场上类似楼盘相应造价作为参考。

（3）规费包括城市建设配套费、人防异地建设费、其他费用。城市建设配套费、人防异地建设费、其他费用分别按照 290 元/米^2、20 元/米^2、15 元/米^2 进行计算。

（4）监理费按照 5 元/米^2 进行测算。

3. 步骤三：建筑安装工程费的测算

建筑安装工程费见表 1-9。

表 1-9　　　　　　　　建筑安装工程费

序号	成本项目	金额/万元	单方造价/（元·米$^{-2}$）	工程量/米^2	备注
三	建筑安装工程费	52 972.21			
1	高层	35 736.01	1 780	200 764.10	楼盘参考：御府高层为 1 778.77 元/米^2
2	商业	2 439.00	1 900	12 837.03	楼盘参考：御府价格为 1 929.78 元/米^2
3	地下车库及设备用房	14 797.20	1 900	77 880.00	楼盘参考：御府车库为 1 924.63 元/米^2

本地块项目的建筑安装工程费包括高层、商业、地下车库三部分。建筑安装工程费单价参考楼盘御府的建安费单价而定。

4. 步骤四：基础设施建设费及基础设施建设费的测算

基础设施建设费和公共配套设施建设费见表1-10。

表1-10 基础设施建设费和公共配套设施建设费

序号	成本项目	金额/万元	单方造价/(元·米$^{-2}$)	工程量/米^2	备注
四	基础设施建设费	1 174.22			
1	供电工程	445.80	60	74 300.00	单方造价按项目占地面积进行计算
2	供水工程	118.88	16	74 300.00	
3	供气工程	148.60	20	74 300.00	
4	排污工程	14.86	2	74 300.00	
5	通信、通讯工程	14.86	2	74 300.00	
6	小区道路工程	297.20	40	74 300.00	
7	绿化建设费	37.15	5	74 300.00	
8	室外照明	52.01	7	74 300.00	
9	健身场地建造费	30.00			预计30万元
10	环卫设施	14.86	2	74 300.00	均按项目占地面积计算
五	公共配套设施建设费	584.15			
1	幼儿园	411.75	1 800	2 287.52	幼儿园建筑面积建设单价为1 800元/米^2
2	托老所	0.00	0	0.00	
3	配套设施	172.39	1 750	985.10	按配套设施建筑面积进行计算

基础设施建设费的计算分别按照单方造价与建设用地的乘积来进行测算。由于C项目建设有幼儿园、托老所及相关配套设施，故在此需要计算公共配套设施建设费。公共配套设施建设费的相关单价也是参考类似楼盘进行价格确定的。在单价确定之后，与建

筑面积相乘即可。

5. 步骤五：开发间接费的测算

表 1-11 为开发间接费估算。

表 1-11　　　　　　　　　　　开发间接费估算

序号	成本项目	合价/万元	计算依据
六	开发间接费	11 049.54	
1	管理费用	2 000.64	二至五项之和的3%
2	财务费用	1 320.00	本次贷款2亿元，贷款期限为1年，贷款年利率6%，到期一次还本付息。财务费用按照利息的1.1倍进行计算。
3	销售费用	4 394.58	总销售额的2.5%
4	不可预见费	1 333.76	二至五项之和的2%
5	开发期间税费	2 000.64	二至五项之和的3%

（1）管理费用按前期工程费、建筑安装工程费、基础设施建设费、公共配套设施建设费四项成本费用之和的3%进行估算。

（2）本次贷款2亿元，贷款期限为1年，贷款年利率6%，到期一次还本付息。财务费用按照利息的1.1倍进行计算。

$$利息\ I = P(1+i)^n - P$$

式中：I——贷款利息；

P——贷款本金；

i——贷款利率；

n——计息周期数。

（3）不可预见费按前期工程费、建筑安装工程费、基础设施建设费、公共配套设施建设费四项成本费用之和的2%进行估算。

（4）开发期间税费按前期工程费、建筑安装工程费、基础设施建设费、公共配套设施建设费四项成本费用之和的3%进行估算。

（5）销售费用按安装总销售额的2.5%进行估算。总销售额见销售收入测算结果。

6. 步骤六：成本费用总额估算

表 1-12 为成本费用估算总额。

成本费用总额=土地取得成本+前期工程费+建筑安装工程费+

基础设施建设费+公共配套设施建设费+开发间接费

表1-12　　　　　　　　　　　　　　成本费用估算总额

序号	成本项目	合价/万元	单方造价/（元·米$^{-2}$）	工程量/米^2
七	成本费用总额	122 691.8	4 089	294 753.75

【任务小结】

本次任务内容为项目各项成本和费用的测算。在成本费用测算过程中，数据的准确性是非常重要的。比如有些成本的测算是基于建筑面积（如建筑安装工程费），而有些成本的测算是基于占地面积（如基础设施建设费）。如果把计算面积混淆，最后得到的数据则是错误的。此外，很多成本费用的单方造价是根据类似楼盘的成本数据得到的，比如建筑安装工程费每平方米的造价。因此，需要选取多个类似楼盘做出对比，选取与项目最为类似的楼盘的成本造价为最后的依据。

【课后自测】

一、实训题

假设你所在的区域内有一宗土地要进行出让，土地面积为50亩，容积率为2.3，建筑密度为不超过35%，绿地率不小于30%。在了解项目所在区域房地产市场状况、建筑单方造价、销售价格水平等基本资料后进行项目的产品定位及产品规划设计，并且通过编制项目投资估算表完成该项目的成本费用估算。

二、选择题

（1）勘察设计和前期工程费主要包括（　　），以及"三通一平"等土地开发工程费支出。

A. 城市基础设施建设费　　　　　　B. 拆迁管理费
C. 可行性研究费　　　　　　　　　D. 水文地质勘探费
E. 前期规划、设计费

（2）在进行估算时，管理费用可按项目总投资的（　　）估算。

A. 3%～5%　　　　　　　　　　　　B. 5%～8%
C. 2%～7%　　　　　　　　　　　　D. 2%～3%

（3）下列不属于管理费用的是（　　）。

A. 管理人员工资　　　　　　　　　B. 职工教育经费

C. 广告宣传费 　　　　　　　　　　　D. 技术开发费

（4）在房地产开发项目投资估算时，如为委托销售代理的，则代理费用应列为（　　）。

A. 管理费用 　　　　　　　　　　　B. 销售费用
C. 其他费用 　　　　　　　　　　　D. 前期费用

【答案】（1）CDE；（2）A；（3）C；（4）B。

任务四　销售收入估算

【知识目标】

（1）掌握销售均价测算思路。
（2）掌握销售税费的含义及内容。

【技能目标】

（1）能够运用类似楼盘成交均价进行楼盘销售均价的确定。
（2）能够进行项目销售税费的计算。

【任务描述】

规划好的产品设计方案能够为开发商带来多少销售收入是其关注的主要内容之一。而产品销售收入的测算主要是参考市场上类似楼盘的销售均价来进行定价并进行测算的。本任务的内容是寻找与拟开发项目类似的楼盘来进行对比分析，以可比楼盘的已经成交的价格作为项目楼盘价格确定的依据。在楼盘均价确定以后，对于销售收入的初步估算只需将销售均价与销售面积相乘即可。

【任务分析】

楼盘均价的确定是要找到多个与项目类似的楼盘来进行价格的比较。因此，此项任务的关键点是进行类似楼盘的查找。并且根据类似楼盘与项目楼盘的相似性进行比较权重的确定。而销售税费的计算需要明确销售税费的种类和算法即可。

项目租售收入测算思路如图1-16所示。

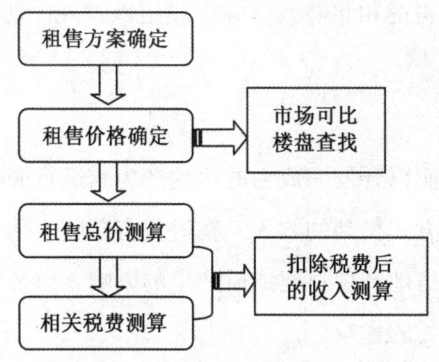

图 1-16　项目租售收入测算思路

【知识平台】

一、租售方案的确定

租售物业的类型与数量，要结合房地产开发项目可提供的物业类型、数量来确定，并要考虑到租售期内房地产市场的可能变化对租售数量的影响。对于一个具体的房地产开发项目而言，必须明确出租面积和出售面积的数量及其与建筑物的对应关系，在整个租售期内每期（年、半年、季度、月）拟销售或出租的物业类型和数量。综合用途的房地产开发项目，应按不同用途或使用功能划分。

二、租售价格的确定

租售价格应在房地产市场分析的基础上确定，一般可选择在位置、规模、功能和档次等方面可比的交易实例，通过对其成交价格的分析与修正，最终得到房地产项目的租售价格。也可以参照房地产开发项目产品定价的技术和方法，确定租售价格。

租售价格的确定要与开发商市场营销策略相一致，在考虑政治、经济、社会等宏观环境对物业租售价格影响的同时，还应对房地产市场供求关系进行分析，考虑已建成的、正在建设的以及潜在的竞争项目对拟开发项目租售价格的影响。

三、租售收入测算

房地产项目的租售收入等于可租售面积的数量乘以单位租售价格。对于出租的情况，还应考虑空置期（项目竣工后暂时找不到租客的时间）和空置率（未租出建筑面积占总建筑面积的百分比）对年租金收入的影响。租售收入估算，要计算出每期（年、半年、季度、月）所能获得的租售收入，并形成租售收入计划。

四、自营收入测算

自营收入是指开发企业以开发完成后的房地产为其进行商业和服务业等经营活动的载体，通过综合性的自营方式得到的收入。在进行自营收入估算时，应充分考虑目前已有的商业和服务业设施对房地产项目建成后产生的影响，以及未来商业、服务业市场可能发生的变化对房地产项目的影响。

【任务实施】

楼盘的均价根据同一区域类似楼盘的均价进行对比，根据各楼盘区位、楼盘品质、户型优劣、楼盘景观设计等因素进行对比，最终得出本楼盘的销售均价。再根据楼盘内部楼栋分布的位置的不同进行区位修正，得到各栋楼的均价（详见第二部分销售价目表制作任务的说明）。该项目销售收入汇总表见表1-13。

表1-13　　　　　　　　　　C项目销售收入汇总

楼栋号	销售收入/万元	销售面积/米^2	建面销售均价/（元·米$^{-2}$）
1号楼	15 806.28	24 117	6 554
2号楼	16 165.63	24 117	6 703
3号楼	15 577.17	24 117	6 459
4号楼	12 184.95	18 552	6 568
5号楼	11 732.28	18 552	6 324
6号楼	15 251.59	24 117	6 324
7号楼	15 415.59	24 117	6 392
8号楼	13 999.05	21 537	6 500
9号楼	14 378.1	21 537	6 676
小计	130 511	200 764	
车位收入	车位个数	单个车位销售价格	车位销售收入/万元
	2 168	120 000	26 016
商业销售收入	商业销售单价	商业总面积	商业销售收入/万元
	15 000	12 837	19 256
总收入合计		175 783	

其中，高层销售收入=各楼栋销售单价×各楼栋销售面积

车位收入＝单个车位销售价格×车位个数

商业销售收入＝商业销售单价×商业总面积

总收入合计＝高层销售收入＋商业销售收入＋车位收入

【任务小结】

在确定高层销售均价时，采取了类似楼盘成交均价比较的方法。项目楼盘的均价要基于现实中已经成交或可能的成交价格来确定，即项目销售价格是由市场决定的。车位价格的确定同样也是基于片区内类似楼盘的车位价格而定。因此，选取的可比楼盘在规模、档次、产品定位、区位环境等方面要与项目楼盘非常接近，否则会出现定价的偏差。

【课后自测】

一、实训题

请在你所在的区域选择一个正在开发的楼盘，找到与该楼盘类似的三个正在进行销售的楼盘，根据这三个可比楼盘进行待销售楼盘均价的确定。楼盘的对比因素可包括交通条件、商服配套、教育配套、开发商形象、户型设计合理性、物业管理等因素。

二、思考题

（1）总销售收入如何测算？

（2）销售均价如何确定？

任务五　静态财务分析

【知识目标】

（1）理解静态财务分析的基本含义。

（2）掌握静态财务指标的基本含义及算法。

【技能目标】

（1）能够运用成本费用、收入估算数据进行项目静态财务指标的测算。

（2）能够对项目的毛利润、净利润进行测算。

【任务描述】

在进行了项目的成本费用测算和收入估算之后，开发商要利用这些数据进行项目的财务分析。项目的财务分析又可分为动态财务分析和静态财务分析两种。动态财务分析是考虑资金的时间价值，通过编制动态财务报表如现金流量表来进行动态财务指标的计算。而静态财务分析是不考虑资金的时间价值，以静止的眼光就目前的成本费用和收入数据进行分析，通过一些静态财务指标的计算，如销售利润率的计算，来初步对项目的盈利能力进行评价。因此，本任务主要是通过对项目利润和净利润的测算，再根据不同静态财务指标的公式带入相关数据进行的简单财务指标测算。

【任务分析】

要进行项目静态财务分析，首先明确什么是静态财务分析，静态财务分析的指标有哪些，然后将相关成本利润数据带入即可。静态财务分析的结果最终以"成本利润汇总表"的形式体现，表格中要将成本费用数据、收入估算数据、利润及净利润数据、各项税费数据及各项静态财务指标体现其中。

【知识平台】

项目静态财务分析主要是指运用静态财务指标来进行项目的可行性初步分析，这些指标包括了成本利润率、销售利润率、投资利润率等。在进行静态投资分析时，一般要测算项目的利润、净利润等，不考虑资金的时间价值因素，如图1-17所示。

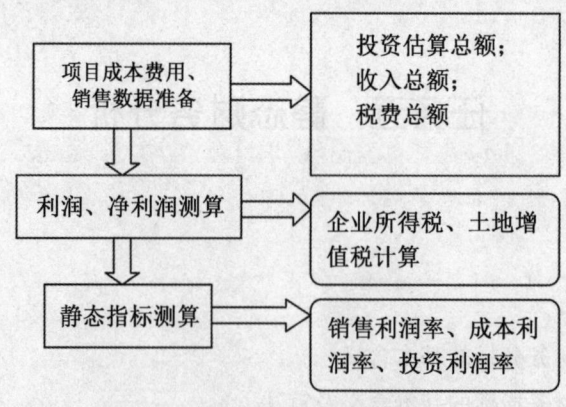

图1-17 项目静态财务分析流程图

一、成本利润率（RPC）

成本利润率指开发利润占总开发成本的比率，是初步判断房地产开发项目财务可行性的一个经济评价指标。

计算项目总开发价值时，如果项目全部销售，则等于总销售收入扣除销售税金后的净销售收入；当项目用于出租时，为项目在整个持有期内净经营收入和净转售收入的现值累计之和。

项目总开发成本，是房地产开发项目在开发经营期内实际支出的成本，在数值上等于开发建设投资，包括土地费用、前期工程费用、基础设施建设费用、建筑安装工程费用、公共配套设施建设费用、开发间接费用、财务费用、管理费用、销售费用、开发期税费、其他费用和不可预见费用等。

计算房地产开发项目的总开发价值和总开发成本，可依评估时的价格水平进行估算。因为在大多数情况下，开发项目的收入与成本支出受市场价格水平变动的影响大致相同，使项目收入的增长基本能抵消成本的增长。

开发商利润实际是对开发商所承担的开发风险的回报。成本利润率一般与目标利润率进行比较，超过目标利润率，则该项目在经济上是可以接受的。目标利润率水平的高低，与项目所在地区的市场竞争状况、项目开发周期长度、开发项目的物业类型以及贷款利率水平等相关。一般来说，对于一个开发周期为2年的商品住宅开发项目，其目标成本利润率为35%~45%。

二、销售利润率

销售利润率是衡量开发项目单位销售收入盈利水平的指标。计算公式为

$$销售利润率 = 销售利润 / 销售收入$$

其中：销售利润=销售收入-总开发成本-销售税费，在数值上等于计算成本利润率时的开发利润。

三、投资利润率

投资利润率分为开发投资的投资利润率和置业投资的投资利润率。

开发投资的投资利润率是指开发项目开发利润占项目开发成本的比率。项目开发成本与项目总开发成本的差异在于前者不含财务费用。

开发投资的投资利润率＝开发利润/项目开发成本×100%

＝开发利润/[项目总开发成本（TDC）−财务费用]×100%

＝开发利润/（土地成本+开发成本+管理费+销售费用）×100%

置业投资的投资利润率是指项目经营期内一个正常年份的年利润总额或项目经营期内年平均利润总额与项目总投资的比率，它是考察项目单位投资盈利能力的静态指标。对经营期内各年的利润变化幅度较大的项目，应计算经营期内年平均利润总额与项目总投资的比率。

利润总额＝经营收入（含销售、出租、自营）−经营成本−运营费用−销售税金

销售税金＝营业税+城市维护建设税+教育费附加

项目总投资＝项目总开发成本+经营资金

投资利润率可以根据损益表中的有关数据计算求得。在财务评价中，将投资利润率与行业平均利润率对比，以判别项目单位投资盈利能力是否达到本行业的平均水平。

四、资本金利润率

资本金利润率是项目的利润总额（或年平均利润总额）与项目资本金（即自有资金或权益投资）之比。

五、资本金净利润率

资本金净利润率是项目所得税后利润与项目资本金之比。

六、静态投资回收期

静态投资回收期是指以房地产投资项目的净收益来抵偿全部投资所需的时间。

当项目投入经营后，每年的收益额大致持平、比较均匀时：

投资回收期＝项目总投资/项目年平均收益额

当项目投入经营后，每年的收益额不太均衡、相差较大时：

投资回收期＝(累计净现金流量开始出现正值期数−1)+

（上期累计现金流量的绝对值/本期净现金流量）

其中净现金流量和累计净现金流量可直接利用财务现金流量表（全部投资）计算求得。当累计净现金流量等于零或出现正值的年份，即为项目静态投资回收期的最终年份。

七、现金回报率

现金回报率指置业投资过程中，每年所获得的现金报酬与投资者初始投入的权益资本的比率。该指标反映了初始现金投资或首付款与年现金收入之间的关系，分为税前现金回报率和税后现金回报率。税前现金回报率等于净经营收入扣除还本付息后的净现金流量除以投资者的初始现金投资；税后现金回报率等于税后净现金流量除以投资者的初始现金投资。

八、投资回报率

投资回报率指置业投资过程中，每年所获得的净收益与投资者初始投入的权益资本的比率。投资回报率中的收益包括还本付息中投资者所获得的物业权益增加值，还可考虑将物业升值所带来的收益计入投资收益。该指标反映了初始权益投资与投资者实际获得的收益之比。

在不考虑物业增值收益时：

投资回报率＝（税后现金流量+投资者权益增加值）/权益投资数额

当考虑物业增值收益时：

投资回报率＝（税后现金流量+投资者权益增加值+物业增值收益）/权益投资数额

九、房地产开发项目税金估算

（一）两税一费

两税一费包括营业税、城市维护建设税及教育税附加。

1. 营业税

营业税是对提供应税劳务、转让无形资产或销售不动产所取得的营业收入征收的一种税。计税依据为营业额。应税劳务包括服务业劳务，不动产指建筑物或构筑物等。

房地产企业是以全部收入（包括租金收入、土地转让收入和商品房销售收入）减去不动产或土地使用权的购置或受让原价后的余额征收营业税的，税率为5%。

营业税的计算方法如下：

营业税＝应纳税收入×税率

2. 城市维护建设税

城市维护建设税（简称为"城建税"）是对缴纳增值税、消费税和营业税的单位和个人征收的一种税。对房地产项目而言，应以营业税为基数乘以相应的税率计算。

城建税按纳税人所在地的不同，设置了三档地区差别比例税率：纳税人所在地为市区的，税率为7%；纳税人所在地为县城、镇的，税率为5%；纳税人所在地不在市区、县城或者建制镇的，税率为1%。城市维护建设税的计算方法如下：

$$城市维护建设税 = 营业税税额 \times 税率$$

3. 教育税附加

教育税附加是国家为发展教育事业、筹集教育经费而征收的一种附加费。其计税依据与城市维护建设税相同，计算方法也相同，以营业税税额为基数乘以相应的税率计算，税率为3%，教育费附加的计算方法如下。

$$教育费附加 = 营业税税额 \times 税率$$

（二）土地使用税

为了促进土地资源的合理配置和节约使用，提高土地使用效益，调节不同地区因土地资源的差异而形成的级差收入，为企业和个人之间竞争创造公平的环境，国家要征收土地使用税。土地使用税是指在城市、县城、建制镇、工矿区范围内使用土地的单位和个人，以实际占用的土地面积为计税依据，依据规定由土地所在地的税务机关征收的一种税。

对于房地产企业而言，土地使用税以房地产项目实际占用的土地面积，按照规定的税额计算应纳税额。土地使用税采用定额税率，即采用有幅度的差别税额，按大、中、小城市和县城、建制镇、工矿区分别规定每平方米土地使用税年应纳税额。具体标准为：大城市（人口50万人以上）1.5~30元；中等城市（人口20万~50万人）1.2~24元；小城市（20万人以下）0.9~18元；县城、建制镇、工矿区0.6~12元。

各省、直辖市、自治区可根据市政建设情况和经济繁荣程度在规定税额幅度内，规定所辖地区适用税额幅度。

土地使用税的计算方法如下：

$$土地使用税 = 实际占用应税土地面积 \times 税率$$

（三）房产税

房产税是投资者拥有房地产时应缴纳的一种财产税。对于房地产企业而言，建造的商品房在出售之前，不征收房产税；但对出售前已使用或出租、出借的商品房应按规定征收房产税。

对于出租的房产，以房产税金收入为计税依据。对于非出租的房产，以房产原值一次扣除10%~30%后的余值为计税依据计算缴纳。具体减除幅度由省、自治区、直辖市人民政府确定。房产税采用比例税率，按房产余值计征，税率为1.2%；按房产租金收入计征的，税率为12%（个人为4%）。房产税的计算方法如下：

(1) 从价计征的计算公式为

$$房产税=应税房产原值\times（1-扣除比例）\times 1.2\%$$

(2) 从租计征的计算公式为

$$房产税=租金收入\times 12\%$$

(四) 土地增值税的计算

土地增值税是对转让国有土地使用权、地上建筑物及其附着物并取得收益的单位和个人，就其转让房地产所得的增值额为征税对象征收的一种税。

纳税人转让房地产取得的收入，应包括转让房地产的全部价款及有关的经济收益。这里所说的经济收益可以是货币收入、实物收入和其他收入，但一般指货币收入。

计算土地增值税应纳税额，并不是直接对转让房地产所得的收入征税，而是对收入额减除国家规定的各项扣除项目金额后的余额计算征税。这个余额就是纳税人在转让房地产中获取的增值额，其中扣除项目包括以下几个方面。

1. 取得土地使用权所支付的金额

(1) 纳税人为取得土地使用权所支付的地价款。以转让方式取得土地使用权的，是实际支付的地价款；其他方式取得的，为支付的土地出让金。

(2) 按国家统一规定缴纳的有关登记、过户手续费。

2. 房地产开发成本

房地产开发成本包括土地征用拆迁补偿费、前期工程费、基础设施建设费、建筑安装工程费、公共配套设施建设费、开发间接费等。

3. 房地产开发费用

房地产开发费用，包括管理费用、财务费用、销售费用。

4. 与转让房地产有关的税金

非房地产开发企业扣除营业税、城市维护建设税、教育费附加和印花税；房地产开发企业因印花税已列入管理费用中，故不允许在此扣除。

5. 其他扣除项目

对于从事房地产开发的纳税人可按第1项和第2项之和加计20%扣除。计算公式为

$$其他扣除项目=（取得土地使用权所支付的金额+房地产开发成本）\times 20\%$$

土地增值税实行四级超率累进税率，详见表1-14。

表 1-14　　　　　　　　　　土地增值税四级超率累进税率

级数	增值额与扣除项目金额的比率	税率/%	速算扣除系数/%
1	不超过50%的部分	30	0
2	50%~100%的部分	40	5
3	100%~200%的部分	50	15
4	超过200%的部分	60	35

有以下情形之一者，免征土地增值税。

①纳税人建筑普通标准住宅出售，增值额未超过扣除项目金额20%的。

②因国家建设需要征收、收回的房地产。

③对1994年1月1日以前已签订的房地产转让合同，不论其房地产在何时转让，均免征土地增值税。

④1994年1月1日以前已签订房地产开发合同或已立项，并已按规定投入资金进行开发，其在1994年1月1日以后5年内首次转让房地产的，免征土地增值税。签订合同日期以有偿受让土地合同签订之日为准。

土地增值税的计算方法如下：

$$土地增值税=增值额\times 税率-扣除项目\times 速算扣除系数$$

在进行项目可行性分析阶段，土地增值税还未发生，一般按照销售收入的一定比例提前进行提取（比如2%），最后据实结算。

【任务实施】

（1）编制西永项目成本利润汇总表。

成本利润汇总表包括项目成本、项目收入、销售税费、利润、土地增值税、企业所得税、净利润、成本利润率、销售利润率、销售净利润率等项目。见表1-15。

（2）将"任务三：项目投资估算"计算出的成本费用总额122 691.8万元填入此表。

（3）将"任务四：销售收入估算"计算出的销售总收入的数据175 783.06万元填入此表对应位置。

（4）将"任务四：销售收入估算"计算出的两税一费、印花税和交易手续费金额填入此表（营业税及附加按照收入总额的5.5%来估算；印花税、交易手续费按照总收入的2%提取）。

表 1-15　　　　　　　　　　　　　成本利润汇总表

序号	项目名称	金额/万元	填写说明
一	项目总开发成本	122 691.80	
二	项目总收入	175 783.06	
1	高层	130 511.51	参照销售收入估算结果
2	商业	19 255.55	参照销售收入估算结果
3	车位	26 016.00	参照销售收入估算结果
三	销售税费	13 183.73	
1	两税一费	9 668.07	按照销售收入的5.5%计算
2	印花税、交易手续费等	3 515.66	按销售收入的2%提取
四	利润	39 907.52	总收入-销售税费-总开发成本
五	土地增值税	3 515.66	按土地增值税计算方法计算，若估算按照销售收入的2%提取
六	企业所得税	9 097.97	（利润-土地增值税）的25%
七	净利润	27 293.89	利润-土地增值税-企业所得税
八	静态财务指标		
1	成本利润率	32.5%	利润/项目总开发成本
2	销售利润率	22.7%	利润/总销售收入
3	销售净利润率	15.5%	净利润/总销售收入

（5）土地增值税根据销售收入的2%进行提取。

（6）利润=总收入-销售税费-总开发成本。

（7）企业所得税=（总收入-总开发成本-销售税费-土地增值税）×25%。

（8）净利润为销售额扣除营业税费、企业所得税、土地增值税。

（9）成本利润率=利润/总开发成本。

（10）投资利润率=利润/（总开发成本-财务费用）。

（11）销售利润率=利润/总销售收入。

（12）销售净利润率=（利润-土地增值税-企业所得税）/总销售收入。

【任务小结】

本次任务是在项目投资估算、销售收入测算的基础上进行的。根据项目的收入估算数据、销售税费数据和投资估算数据能够进行项目利润及利润指标的测算。因此，前几项任务数据的准确性与否对项目利润及财务指标的影响是巨大的。通过该任务的实施，可以初步根据项目的静态财务指标来判断项目的可行性。项目可行性大小的进一步判断则需要进行动态财务分析，即在考虑资金时间价值的因素下进行项目动态财务指标的测算，这样才能做出最后的决策。

【课后自测】

一、选择题

（1）某房地产开发项目的总开发成本为2 600万元，竣工后的销售收入为4 500万元，销售税金及附加为248万元，应缴纳的土地增值税为370万元，则该项目土地增值税后的开发成本利润率为（　　）。

A. 45.05%　　　　　　　　B. 49.31%

C. 58.86%　　　　　　　　D. 63.6%

（2）房地产开发项目销售利润率的正确表达式是（　　）。

A. 销售利润率＝销售利润/销售收入

B. 销售利润率＝销售利润/总开发价值

C. 销售利润率＝销售利润/总开发成本

D. 销售利润率＝销售利润/项目总投资

【答案】（1）B；（2）A。

二、思考题

（1）利润、净利润是如何进行测算的？

（2）成本利润率与投资利润率有何区别？

【项目评价】

表1-16 项目评价标准及分值表

项目任务	知识要求	分值	得分	技能要求	分值	得分
任务一 项目投资环境及市场分析	①是否明确投资环境的分析要素	5		①是否能够进行项目投资环境分析要素的选择与分析	5	
	②是否明确市场分析的内容	5		②是否能够进行项目所在区域、片区的房地产市场分析	5	
任务二 产品规划设计	①是否掌握容积率、建筑密度的基本概念及公式	5		①是否能够看懂项目的平面布局图	5	
	②是否掌握绿地率与绿化率的区别与联系	5		②是否能够看懂项目的户型图	5	
	③是否明确建筑面积、套内建筑面积、套内使用面积之间的关系	5		③是否能够明确项目的经济技术指标	5	
任务三 项目投资估算	①是否明确项目投资估算成本费用的构成	10		①是否能够编制项目投资估算表	10	
	②是否明确土地取得成本、前期费用的构成内容及算法	5		②是否能够进行项目的土地取得成本、前期费用测算	5	
	③是否明确建筑安装工程费、基础设施建设费、公共配套设施建设费的算法	10		③是否能够进行项目建筑安装工程费、基础设施建设费、公共配套设施建设费的测算	10	
	④是否明确管理费用、财务费用、销售费用的基本含义及算法	5		④是否能够进行管理费用、财务费用、销售费用测算	5	
任务四 销售收入估算	①是否明确销售均价测算的基本方法	5		①是否能够进行项目的销售均价和总价测算	5	
	②是否明确销售税费的构成及估算方法	10		②是否能够进行项目销售税费测算	10	
	③是否明确土地增值税的计算方法	10		③是否能够进行项目土地增值税的测算	10	

续表 1-16

项目任务	知识要求	分值	得分	技能要求	分值	得分
任务五 静态财务分析	①是否明确利润的测算方法	5		①是否能够对项目的利润进行测算	5	
	②是否明确企业所得税的计算方法	5		②是否能够进行项目企业所得税的测算	5	
	③是否明确销售利润率、销售净利润率、成本利润率的算法	10		③是否能够进行项目销售利润率、销售净利润率、成本利润率的计算	10	
得分合计	知识得分合计	100		技能得分合计	100	

项目二　房地产项目动态投资分析

【知识目标】

(1) 掌握房地产项目动态投资分析的基本流程。
(2) 了解甘特图在房地产项目进度计划安排中的应用。
(3) 掌握现金流量表的编制和动态财务指标的测算。
(4) 掌握敏感性分析的步骤和方法。

【技能目标】

(1) 能够进行房地产项目的进度计划安排。
(2) 能够进行房地产项目的现金流量表的编制。
(3) 能够进行房地产项目的动态财务分析。
(4) 能够进行房地产项目的敏感性分析。

房地产项目动态投资分析是将项目开发销售过程中的资金看成不断运动的状态，充分考虑资金在运动过程中产生的增值因素、由于通货膨胀产生的贬值因素、由于投资房地产项目而失去的机会成本因素，在进行项目投资分析时，将资金的时间价值考虑在内去分析项目的多项动态财务指标进而确定项目的可行性与否。房地产项目的动态投资分析结果更能体现其实际盈利能力大小及面临的风险大小。

任务一　项目进度计划安排

【知识目标】

（1）了解甘特图的基本画法。
（2）掌握房地产开发项目阶段的划分。

【技能目标】

（1）能够进行项目各阶段进度计划安排。
（2）能够编制项目进度计划甘特图。

【任务描述】

房地产项目的开发建设及销售是一个非常漫长的过程，少则几年，多则十几年。根据项目的建筑规模大小进行项目的开发进度计划安排，能够明确项目开发期、销售期的长短，同时可以预测未来项目成本不同的投入力度及资金回流的速度。不同项目进度计划安排会导致项目呈现不同的现金流，继而影响项目的动态财务盈利能力和抗风险能力。因此，本任务的目的是进行项目的进度计划安排，为动态财务分析中现金流量表的编制做好基础工作。

【任务分析】

要进行项目的进度计划安排，必须明确房地产项目的开发阶段的划分及各阶段的工作内容。在划分阶段之后安排项目建设及销售的期数及各期建设内容，最后借助甘特图来进行项目进度安排的编制。

【知识平台】

一、甘特图的基本含义

甘特图（Gantt chart）又叫横道图、条状图（Bar chart）。它是以图示的方式通过活动列表和时间刻度形象地表示出任何特定项目的活动顺序与持续时间。它是在第一次世界大战时期发明的,以亨利·L·甘特先生的名字命名,他制定了一个完整的用条形图表进度的标志系统。由于甘特图形象简单,在简单、短期的项目中,甘特图得到了最广泛的运用,如图2-1所示。

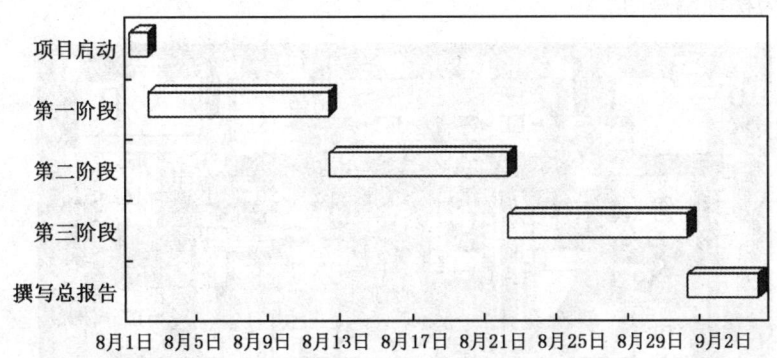

图2-1 甘特图示例

二、甘特图的绘制步骤

(1) 明确项目牵涉的各项活动、项目。内容包括项目名称(包括顺序)、开始时间、工期、任务类型(依赖/决定性)和依赖于哪一项任务。

(2) 创建甘特图草图。将所有的项目按照开始时间、工期标注到甘特图上。

(3) 确定项目活动依赖关系及时序进度。使用草图,按照项目的类型将项目联系起来,并安排项目进度。此步骤将保证在未来计划有所调整的情况下,各项活动仍然能够按照正确的时序进行。也就是确保所有依赖性活动能并且只能在决定性活动完成之后按计划展开。同时避免关键性路径过长。关键性路径是由贯穿项目始终的关键性任务所决定的,它既表示了项目的最长耗时,也表示了完成项目的最短可能时间。请注意,关键性路径会由于单项活动进度的提前或延期而发生变化。而且要注意不要滥用项目资源,同时,对于进度表上的不可预知事件要安排适当的富裕时间。但是,富裕时间不适用于关键性任务,因为作为关键性路径的一部分,它们的时序进度对整个项目至关重要。

(4) 计算单项活动任务的工时量。

(5) 确定活动任务的执行人员及适时按需调整工时。

(6) 计算整个项目时间。

【任务实施】

1. 步骤一：编制项目建设进度计划安排表

图 2-2 为楼栋编号图。

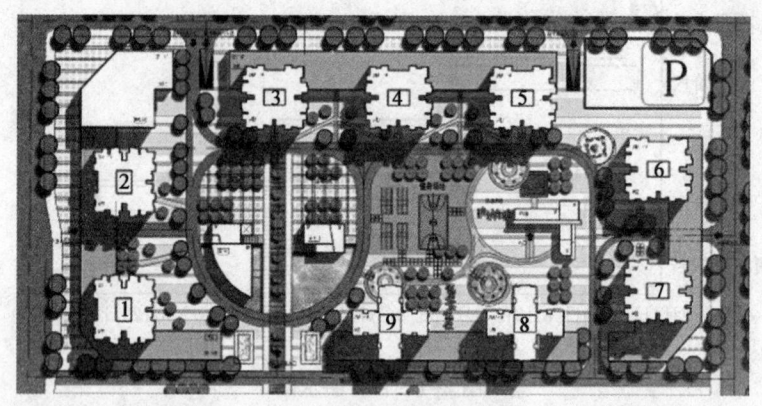

图 2-2　楼栋编号图

要正确编制项目建设进度，首先要清楚整个房地产开发经营周期可分为三个阶段，即前期准备阶段、项目建设阶段、项目销售阶段。每个阶段要根据具体项目的建设内容和开发特点，制定符合要求的进度计划安排表。

就本项目而言，项目开发内容主要由高层（9栋）、商业（12 838 米^2）、车库及设备用房（77 880 米^2）、配套设施（985 米^2）、幼儿园及托老所（2 288 米^2）5 个板块构成。

本项目三个阶段分别做如下安排。

（1）前期准备阶段。

①土地获取。考虑到工作内容的单一性，仅需要一个季度完成，2014 年第四季度（14-4）完成。

②前期工程。在土地获取之后发生，工作内容较多，需要两个季度完成（15-1 至 15-2）。

（2）项目建设阶段和项目销售阶段。

前期准备阶段的工作完成后，进入建设阶段，且本项目实行预售制度，建设到某个阶段开始进入销售阶段。就本项目而言，具体安排如下：

考虑到建设工程量较大的原因，5 个开发板块开发内容共分两期建设完成。根据对该地区类似项目进行调研，每期工程从开始建设到项目建设完成大概需要 8 个季度。一期工程开始预售时，二期工程开始开工建设。

每期工程建设完成 1/4 时，开始预售本期项目。其中，配套设施、幼儿园、托老所为自营项目,不进行销售;每期高层分两个季度售完,第一季度销售60%,第二季度销售40%;每期洋房比高层晚一个季度开始销售,销售期为4个季度,每季度销售25%;车库在高层全部售完后开始销售,销售期为4个季度,每季度销售25%。

按照以上规则,整个建设阶段和销售阶段安排如下:

①一期工程。

A. 一期建设工程:高层(1、2、3、4、5栋,共109 471米^2),共8个季度(15-3至17-2)。

商业(整个商业体的一半,即6 419米^2),共8个季度(15-3至17-2)。

车库及设备用房(总量的一半,即38 940米^2),共8个季度(15-3至17-2)。

配套设施(工程量不大,本期完成所有配套设施),共8个季度(15-3至17-2)。

幼儿园、托老所(本期完成所有),共8个季度(15-3至17-2)。

B. 一期销售工程:高层(109 471米^2),共2个季度(16-1至16-2)。

商业(共6 419米^2),共4个季度(16-2至17-1)。

车库及设备用房(共38 940米^2),共4个季度(16-3至17-2)。

②二期工程。

A. 二期建设工程:高层(6、7、8、9栋,共91 293米^2),共8个季度(16-1至17-4)。

商业(整个商业体的一半,即6 419米^2),共8个季度(16-1至17-4)。

车库及设备用房(总量的一半,即38 940米^2),共8个季度(16-1至17-4)。

B. 二期销售工程:高层(共91 293米^2),共2个季度(16-3至16-4)。

商业(共6 419米^2),共4个季度(16-4至17-3)。

车库及设备用房(共38 940米^2),共4个季度(17-1至17-4)。

项目建设进度计划表见表2-1。

表2-1　　　　　　　　项目建设进度计划表

工作内容	工作起点	工作终点	工作时间长度	备注
一、前期阶段				
土地获取	14-4	14-4		土地获取在2014年第4季度一次性投入
前期工程	15-1	15-2	2个季度	
二、项目建设			建设面积/米^2	
一期工程			158 102	

续表 2-1

工作内容		工作起点	工作终点	工作时间长度		备注
高层		15-3	17-2	8个季度	109 471	1、2、3、4、5栋
商业		15-3	17-2	8个季度	6 419	两期平摊
车库及设备用房		15-3	17-2	8个季度	38 940	两期平摊
配套设施		15-3	17-2	8个季度	985	所有配套设施
幼儿园、托老所		15-3	17-2	8个季度	2 288	
二期工程					136 652	
高层		16-1	17-4	8个季度	91 293	6、7、8、9栋,一期高层预售时开始建设
商业		16-1	17-4	8个季度	6 419	两期平摊
车库及设备用房		16-1	17-4	8个季度	38 940	两期平摊
三、项目销售					销售面积/米^2	
一期工程	高层	16-1	16-2	2个季度	109 471	一期建设完四分之一后开始预售,第1个季度销售60%,第2个季度销售40%
	商业	16-2	17-1	4个季度	6 419	比高层晚1个季度销售,每季度销售25%
	车库	16-3	17-2	4个季度	—	车库在高层销售完成后开始
二期工程	高层	16-3	16-4	2个季度	91 293	二期建设完四分之一后开始预售,第1个季度销售60%,第2个季度销售40%
	商业	16-4	17-3	4个季度	6 419	比高层晚1个季度销售,每季度销售25%
	车库	17-1	17-4	4个季度	—	车库在高层销售完成后开始

2. 步骤二:编制甘特图(横道图)

甘特图中竖向部分代表各项工作内容,横向部分表述持续时间。根据表中项目各阶段的划分及工作的时间起点、终点及工作时间长度等信息绘制项目甘特图,见表2-2。

表 2-2　　　　　　　　　　　　　　　甘特图

工作内容	2014年 14-4	2015年 15-1	15-2	15-3	15-4	2016年 16-1	16-2	16-3	16-4	2017年 17-1	17-2	17-3	17-4
一、前期阶段	前期阶段总用时：3个季度												
土地获取	■												
前期工程		■	■										
二、项目建设													
一期工程				一期工程建设阶段总用时：8个季度									
高层				■	■	■	■	■	■	■	■		
商业				■	■	■	■	■	■	■	■		
车库及设备用房				■	■	■	■	■	■	■	■		
配套设施				■	■	■	■	■	■	■	■		
幼儿园、托老所				■	■	■	■	■	■	■	■		
二期工程						二期工程建设阶段总用时：8个季度							
高层						■	■	■	■	■	■	■	■
商业						■	■	■	■	■	■	■	■
车库及设备用房						■	■	■	■	■	■	■	
三、项目销售													
一期工程					一期工程销售阶段总用时：6个季度								
高层					■	■	■						
商业						■	■	■	■				
车库							■	■	■	■			
二期工程								二期工程销售阶段总用时：6个季度					
高层								■	■	■	■		
商业									■	■	■	■	■
车库										■	■	■	■

【任务小结】

本次任务的内容是结合项目进度计划安排表进行项目甘特图的绘制。项目甘特图的绘制能够直观反映出各项工作发生的时间点及持续时间的长短，一目了然地了解项目的开发及建设进度。本次任务的重点是进行项目建设期和销售期的划分。项目的销售现在基本采用预售的形式进行，因此销售期的安排和建设期的安排要相互吻合。

【课后自测】

思考题

（1）甘特图的绘制步骤是什么？
（2）房地产开发进度计划安排分为哪几个阶段？

任务二　销售价目表的制作

【知识目标】

（1）熟悉销售价目表的制作流程。
（2）掌握销售价目表栋差的确定方法。
（3）掌握销售价目表水平差的确定方法。
（4）掌握销售价目表垂直差的确定方法。

【技能目标】

能够制定一份完整的项目销售价目表。

【任务描述】

在一个楼盘中，每套房的单价是有差异的，原因可以分为三个方面，一是它们所处的楼栋的位置不同，称为"楼栋差"；二是同一栋楼的不同楼层价格不同，称为"垂直差"；三是同一栋楼同一层各户型由于通风采光等不同而价格不同，称为"水平差"。

本次任务是在 C 项目产品方案设计的基础上，根据户型间的这些差异，将地上高层 A 和高层 B 的每一层、每一户、每一栋的价格表制作出来，即制定整个楼盘的销售价目表，为销售收入测算做好数据准备。

【任务分析】

项目楼盘对外销售之前需要制定好对外销售价格表。由于每一户之间存在楼栋差异、层数差异、水平差异，因此每户销售价格存在或大或小的差异。因此，本任务要找到造成户型之间差异的影响因素，并通过判断这些因素对销售价格的影响力大小来进行每户价格的区分。以高层为例，制作价格表的思路是：用市场类似楼盘比较法估算出整个楼盘高层的均价；分析各栋楼的位置等情况，制定出各栋楼的均价；分析一栋楼同一楼层各户型的差异情况，确定水平方向的差异，制定出同一楼层各户型的单价；分析同一户型不同楼层的差异，制定同一户型各楼层的单价；最后完成整个一栋楼的销售价格表。

【知识平台】

一、住宅项目单位价差的三个层面。

住宅项目单位价差的三个层面。

（1）布局差。也叫栋差，是指同一项目由于不同楼栋在空间布局上的不同造成楼栋之间景观面、便利性的不同，形成栋差。

（2）水平差。在同一楼栋同一层面，由于不同户型的日通风条件、景观视角、户型功能设计等存在差异，包括朝向差异、景观差异、功能差异等。

（3）垂直差。主要指层差以及因为楼层不同而引起的景观、噪声等其他方面的差异。

二、销售价目表制作步骤

销售价目表制作步骤分为以下三步。

1. 进行相关准备

进行相关准备包括确定定价方法、确定比较楼盘、收集比较楼盘资料。

2. 确定均价

运用房地产估价方法中市场比较法进行均价计算。

3. 确定住宅项目单位价差，形成价目表。

具体步骤如下：

（1）制定栋差；

（2）制定水平价差；

（3）制定垂直价差；

（4）制定特殊调差；

（5）制作每套价目表；

（6）制作优惠价目表。

三、确定均价的程序

楼盘均价的确定可以运用市场比较法的思路，具体操作步骤为：

（1）选择比较因素；

（2）确定各因素权重或者分值；

（3）给各比较楼盘评分；

（4）计算本项目均价。

例题：要确定某住宅项目的均价，选择比较楼盘丽天名苑、旺府、熙园三个项目，选择交通、商服配套、教育配套等比较因素，并设置各因素的分值。再根据各楼盘的情况对各因素进行评分，汇总得出各楼盘的分值。

根据各比较楼盘与本项目的可比性设置各比较楼盘的参考权重，进而根据权重和比较楼盘的均价计算本项目均价。比较楼盘分值表见表2-3。

表2-3　　　　　　　　　　比较楼盘分值表

比较因素	分值	本项目	丽天名苑	旺府	熙园
交通	14	12	14	12	8
商服配套	10	7	10	7	6
教育配套	7	5	6	5	5
园林景观	10	5	8	5	9
周边环境	8	3	6	3	6
规模	8	6	6	6	8
户型结构	9	7	7	6	8
工程进度	9	4	6	3	7
规划、设施	6	5	5	4	6
物业管理	7	6	6	5	6.5
楼盘形象	8	6	7	6	5
发展商品牌	4	2	2	2	3.5
合计	100	68	83	64	78

表 2-4 为比较楼盘权重及单价表。

表 2-4　　　　　　　　　　　比较楼盘权重及单价表

楼　盘 项　目	本项目 同兴苑 x	丽天名苑（A）	旺府（B）	熙园（C）
参考权重 W_i/%	—	60	30	10
均价 P_i'/（元·米$^{-2}$）	P_x	5 900	6 200	6 100
得分 Q_i	68	83	64	78

本项目均价 P_x 的计算方法：

①先用每个比较楼盘单独比较，得出几个均价：

比较楼盘 A：$P_A = Q_x/Q_A \times P_A' = 68/83 \times 5\ 900 = 4\ 834$（元/米^2）

比较楼盘 B：$P_B = Q_x/Q_B \times P_B' = 68/64 \times 6\ 200 = 6\ 588$（元/米^2）

比较楼盘 C：$P_C = Q_x/Q_C \times P_C' = 68/78 \times 6\ 100 = 5\ 318$（元/米^2）

②各相关楼盘权重取值为 W_i

$W_A = 60\%$，$W_B = 30\%$，$W_C = 10\%$

$$P_x = \sum P_i W_i$$
$$= P_A W_A + P_B W_B + P_C W_C$$
$$= 4\ 834 \times 60\% + 6\ 588 \times 30\% + 5\ 318 \times 10\%$$
$$= 2\ 900.4 + 1\ 976.4 + 531.8$$
$$\approx 5\ 400（元/米^2）$$

通过运用市场比较法测算，从营销角度考虑建议本项目首次推盘均价为 5 400 元/米^2。

四、确定栋差

一个项目中，各栋楼由于位置不同，价格也会不同。栋差的影响因素有楼栋是否临近马路、离出入口的距离、与主体景观的距离等。一般而言，靠近主体景观或者是临近会所的楼栋较好；临近马路、社区出入口的楼栋较差。

五、确定水平差

同一楼层各户型的每平方米的价格不同。水平价差的影响因素有景观、朝向、采光、噪声、户型设计等。

朝向是指客厅的朝向及朝南房间的数量。一般认为朝向由优到劣依次为东南、南、东、西南、东北、西、西北、北。

采光包含三个方面，一是采光面的个数，即有无暗房、单面采光、两面采光、三面采光、四面采光；二是与邻屋栋距大小；三是面前有无遮挡物。

1. 景观分析考虑因素
①有景观的房间数；
②面临学校、公园或江景海景等自然景观、永久绿地（最佳、部分、少量）；
③面临中庭园林景观（最佳、部分、少量）；
④附近是否有景观较差及环境污染较重的设施；

2. 户型分析考虑因素
①格局分布合理，形状方正；
②室内动线规划简明流畅的；
③面积分配是否合理，有无浪费；
④功能配置理想（私密性、有无储藏室或阳台）；
⑤室内空气流通，室内开窗位置合理。

3. 噪声分析考虑因素
①临主干道、高速路、地铁站等；
②临娱乐场所；
③临厂房。

六、确定垂直差

对于高层项目而言，各楼层各有优劣势（见表2-5）。

垂直价差的制定有两种情况，一是越高越贵；二是中间层贵，上下便宜。底楼和顶楼有时价格最贵，有时最便宜。

多层住宅楼层少，各层条件相差不远，最低和最高价差一般在 $50\sim100$ 元/米^2；高层住宅，最低和最高价差距在 $100\sim200$ 元/米^2。

表 2-5　　　　　　　　　高层住宅各楼层优劣势分析

楼层	优势	劣势
顶层	一般送屋顶，没有楼上的噪声	屋顶漏水，冬天冷、夏天热
20层以上	视野开阔、采光好、蚊虫少、噪声小、空气污染小	怕停电，怕地震，不易逃生

续表 2-5

楼层	优势	劣势
15层左右	适中	适中
10层以下	可以爬楼梯，地震火灾易逃离	不够开阔、容易被遮挡，蚊虫多、噪声大、灰尘大
底层	出入方便，冬暖夏凉，接地气，会送花园或地下室	私密性不够好，日照不足，光污染，安全性不好

【任务实施】

1. 步骤一：用市场比较法测算本项目预售均价

（1）选择首创光和城、龙湖拉特芳斯、金科天辰三个项目作为比较楼盘。

（2）选择交通、商服配套、教育配套等12项比较因素，并根据各因素对预售房价格的影响程度设置各因素的分值（表2-6）。

（3）根据各楼盘的情况对各因素进行评分，汇总得出各个楼盘的分值（表2-6）。

（4）根据各比较楼盘与本项目的可比性设置各个比较楼盘的参考权重（表2-7）。

（5）根据权重和比较楼盘的均价计算本项目均价。

表 2-6　　　　　　　　　　　比较楼盘分值表

比较因素	分值	本项目	龙湖拉特芳斯	金科天辰	首创光和城
交通条件	16	14	16	15	16
商服配套	14	11	14	13	13
教育配套	14	12	14	14	13
医疗配套	14	14	13	13	13
周边环境	12	12	11	11	12
户型结构	8	7	8	8	7
园林景观	6	6	6	5	5
物业管理	6	5	6	6	5
项目规模	5	3	4	5	4
发展商品牌	5	4	5	5	4
合计	100	88	97	95	92

表 2-7　　　　　　　　　　　　　比较楼盘权重及单价表

项目＼楼盘	本项目 x	龙湖拉特芳斯（A）	金科天辰（B）	首创光和城（C）
参考权重 W_i/%	—	30	40	30
套内均价 P_i'/（元·m^{-2}）	P_x	7 200	7 000	6 900
得分 Q_i	88	97	95	92
比准价值	—	6 532	6 484	6 600
均价				6 533
取值	—	—	—	6 500

本项目均价 P_x 的计算方法：

① 先用每个比较楼盘单独比较，得出几个比准价格

比较楼盘 A：$P_A = Q_x/Q_A \times P_A' = 88/97 \times 7\,200 = 6\,532$（元/米^2）

比较楼盘 B：$P_B = Q_x/Q_B \times P_B' = 88/95 \times 7\,000 = 6\,484$（元/米^2）

比较楼盘 C：$P_C = Q_x/Q_C \times P_C' = 88/92 \times 6\,900 = 6\,600$（元/米^2）

② 各相关楼盘权重取值为 W_i

$W_A = 30\%$，$W_B = 40\%$，$W_C = 30\%$

$$P_x = \sum P_i W_i$$

$$= P_A W_A + P_B W_B + P_C W_C$$

$$= 6\,532 \times 30\% + 6\,484 \times 40\% + 6\,600 \times 30\%$$

$$= 1\,959.6 + 2\,593.6 + 1\,980$$

$$\approx 6\,533\,（元/米^2）$$

通过运用市场比较法测算，从营销角度考虑建议本项目首次推盘建筑面积均价为 6 500 元/米^2。

2. 步骤二：确定栋差

（1）如图 2-3 所示，根据 C 地块情况，选择噪声和出行方便程度作为影响 1~9 号楼价格影响因素，并将每栋楼的情况描述填入表 2-8。

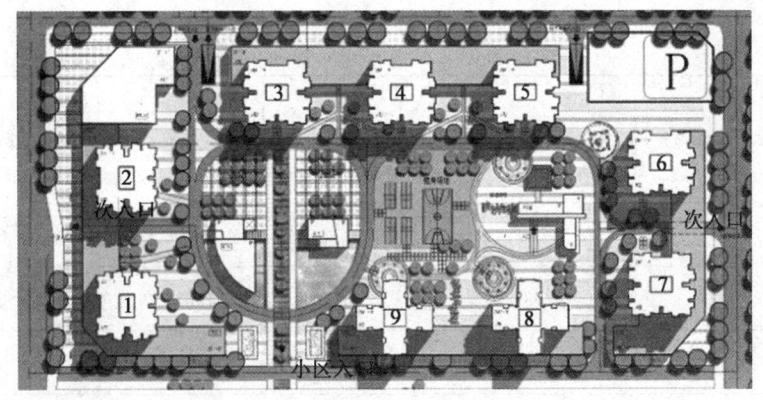

图 2-3　C 地块高层布局图

表 2-8　　　　　　　　　　　C 地块高层 1~9 号楼栋情况描述表

楼号	噪　声	出行方便程度
1	离主干道最远，但两边临街	靠近小区主入口和次入口，进出方便
2	离主干道最远，单面临街，噪声最小	靠近次入口
3	离主干道居中，靠近小区车库入口	离出入口稍远
4	离主干道最远，单面临街，噪声最小	离出入口最远
5	离主干道较远，临近商业，靠近小区车库出口	离出入口稍远
6	临主干道和商业，噪声最大	靠近次入口
7	临主干道	靠近次入口
8	离主干道较远，单面临街	离出入口稍远
9	离主干道居中，单面临街	靠近小区主入口

（2）根据表 2-8 对 1~9 号楼的描述，对各栋楼评分，填入表 2-9 中。每个因素可以采用 10 分制或者 100 分制。这里选用 100 分制，并将 9 栋楼的差距控制在 10% 以内。

（3）分析各因素的影响程度给出各因素的权重，用加权平均法计算各栋楼的得分。

（4）计算各栋楼的系数。首先取得分的中位数，系数设为 1，其他系数计算方法为该栋楼的得分除以系数为 1 的得分。

（5）计算各栋楼的均价。将第一步中计算出的楼盘的均价作为系数为 1 楼栋的均价，其他楼栋的均价用该均价乘以相应系数。

表 2-9 为 C 地块高层 1~9 号楼栋均价表。

表 2-9　　　　　　　　　　C 地块高层 1~9 号楼栋均价表

楼号	噪声（60%）	出行方便程度（40%）	得分	系数	建面单价
1	95	100	97	1.008 3	6 554
2	100	98	99.2	1.031 2	6 703
3	96	95	95.6	0.993 8	6 459
4	100	93	97.2	1.010 4	6 568
5	94	93	93.6	0.973 0	6 324
6	92	96	93.6	0.973 0	6 324
7	93	97	94.6	0.983 4	6 392
8	97	95	96.2	1.000 0	6 500
9	98	100	98.8	1.027 0	6 676

3. 步骤三：确定水平差

以 3 号楼为例，制定同一楼层各户型的价格。

（1）在不考虑楼层因素的情况下，分析各户型在朝向、采光、景观、户型、噪声、面积等方面的差异，进行详细描述，填入表 2-10。

（2）根据表 2-10 描述在表 2-11 中打分。打分时，条件相同的分数应该相同。打分有很多种方法，这里介绍一种。每个因素都采用 100 分制，12 个房间中条件最优的一间或者几间赋值 100，条件每降低一点分值减 1 分或 2 分。如采光因素中，1#户型两面采光且宽阳台，采光条件是最优的，赋为 100 分。

（3）按给出的各因素的权重，用加权平均法计算各户型的得分。

（4）计算各户型的系数，方法与计算各栋楼的系数方法相同。首先取得分的中位数，系数设为 1，其他系数计算方法为：该栋楼的得分除以系数为 1 的得分。

（5）计算各户型的均价，与各栋楼的均价计算方法相同。将第二步中计算出的该栋楼的均价作为系数为 1 得分的均价，其他户型的均价用该均价乘以相应系数。

表 2-10　　　　　　　　　　　　　　3 号楼水平差描述表

房间号	户型号	朝向	采光	景观	户型	套内建筑面积 /米²
		20%	20%	25%	25%	10%
1	1#	南	两面采光,宽阳台	完全中庭景观	户型方正,布局合理	83.58 面积最大
2	3#	西	单面采光,窄阳台	部分中庭景观	厨房门正对卧室门且无法改造	61.17
3	3#	西	单面采光,窄阳台	少量中庭景观	厨房门正对卧室门且无法改造	61.17
4	1#	北	两面采光,宽阳台	无景观	户型方正,布局合理	83.58 面积最大
5	6#	北	单面采光,双阳台,阳台缩进	无景观	厨房门正对卧室门且难以改造	60.12
6	5#	北	单面采光,没有阳台,窗户缩进	无景观	户型方正,布局合理	36.72 面积最小
7	4#	北	两面采光,宽阳台	无景观	户型方正,布局合理	76.02
8	3#	东	单面采光,窄阳台	少量中庭景观	厨房门正对卧室门且无法改造	61.17
9	3#	东	单面采光,窄阳台	部分中庭景观	厨房门正对卧室门且无法改造	61.17
10	1#	南	两面采光,宽阳台	完全中庭景观	户型方正,布局合理	83.58 面积最大
11	2#	南	单面采光,窄阳台,阳台缩进,卫生间暗房	完全中庭景观	厨房门正对卫生间门且难以改造	54.36
12	2#	南	单面采光,窄阳台,阳台缩进,卫生间暗房	完全中庭景观	厨房门正对卫生间门且难以改造	54.36

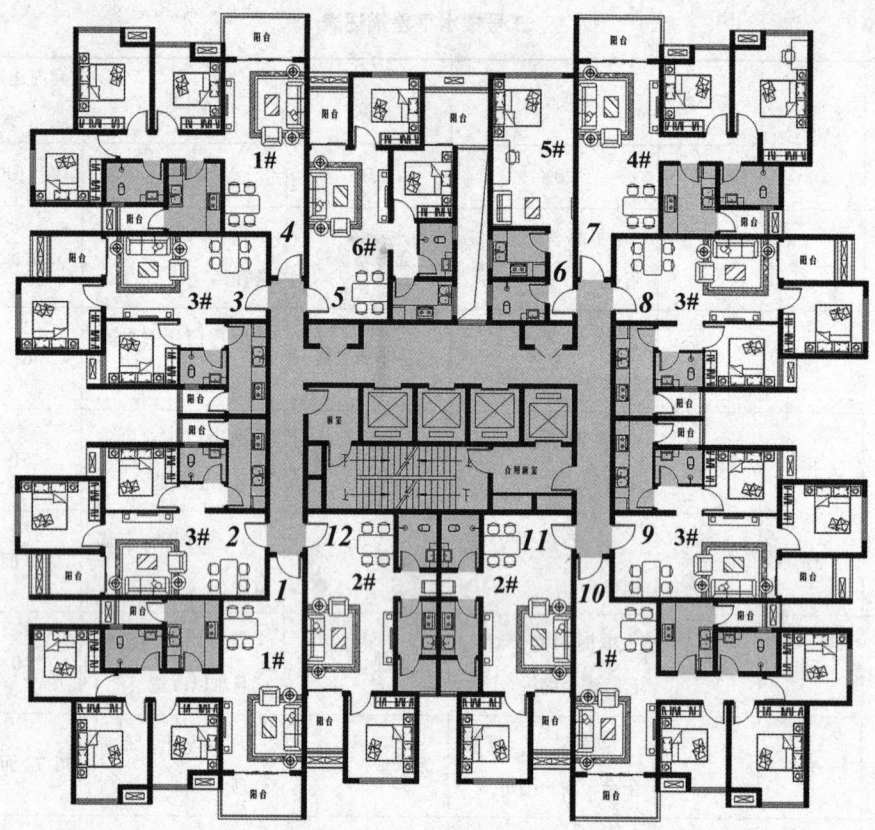

图 2-4　3 号楼户型图编号

表 2-11　　　　　　　　　　　水平差打分表

房间号	户型号	朝向 (20%)	采光 (20%)	景观 (25%)	户型 (25%)	建筑面积 (10%)	得分	系数	单价
1	1#	100	100	100	100	95	99.5	1.016 3	6 565
2	3#	98	98	99	98	97	98.15	1.002 6	6 475
3	3#	98	98	98	98	97	97.9	1.000 0	6 459
4	1#	96	100	95	100	95	97.45	0.995 4	6 429
5	6#	96	96	95	98	98	96.45	0.985 2	6 363
6	5#	96	97	95	100	100	97.35	0.994 4	6 423
7	4#	96	100	95	100	96	97.55	0.996 4	6 436
8	3#	99	98	98	98	97	98.1	1.002 0	6 472

续表 2-11

房间号	户型号	朝向（20%）	采光（20%）	景观（25%）	户型（25%）	建筑面积（10%）	得分	系数	单价
9	3#	99	98	99	98	97	98.35	1.004 6	6 489
10	1#	100	99	100	100	95	99.3	1.014 3	6 551
11	2#	100	95	100	96	99	97.9	1.000 0	6 459
12	2#	100	95	100	96	99	97.9	1.000 0	6 459

4. 步骤四：制定垂直差

（1）在不考虑户型因素的情况下，分析各楼层的优劣，确定垂直差的变化规律，这里选择"中间贵，上下便宜"的方式进行垂直差的制定，并且每三层一变。

（2）3号楼共26层，选取在楼层差中处于中间水平的12、13、14层作为价格最高层，7、8、9层和18、19、20层作为标准层，将第三步中计算出的各户型的单价作为标准层各户型的价格，填入表2-12。

（3）垂直方向标准层分别向中间层递增，向更高层或更低层递减，每次递增或递减的幅度为20元。

表 2-12　　　　　　　　　　　3号楼垂直差

房号	1	2	3	4	5	6	7	8	9	10	11	12
户型	三室	两室	两室	三室	一室	一室	三室	两室	两室	两室	单间配套	两室
建筑面积/米²	99.79	73.03	73.03	99.79	71.78	43.84	90.77	73.03	73.03	99.79	64.90	64.90
套内建筑面积/米²	83.58	61.17	61.17	83.58	60.12	36.72	76.02	61.17	61.17	83.58	54.36	54.36
26	6 525	6 435	6 419	6 389	6 323	6 383	6 396	6 432	6 449	6 511	6 419	6 419
25	6 525	6 435	6 419	6 389	6 323	6 383	6 396	6 432	6 449	6 511	6 419	6 419
24	6 525	6 435	6 419	6 389	6 323	6 383	6 396	6 432	6 449	6 511	6 419	6 419
23	6 545	6 455	6 439	6 409	6 343	6 403	6 416	6 452	6 469	6 531	6 439	6 439
22	6 545	6 455	6 439	6 409	6 343	6 403	6 416	6 452	6 469	6 531	6 439	6 439
21	6 545	6 455	6 439	6 409	6 343	6 403	6 416	6 452	6 469	6 531	6 439	6 439

续表 2-12

房号	1	2	3	4	5	6	7	8	9	10	11	12
20	6 565	6 475	6 459	6 429	6 363	6 423	6 436	6 472	6 489	6 551	6 459	6 459
19	6 565	6 475	6 459	6 429	6 363	6 423	6 436	6 472	6 489	6 551	6 459	6 459
18	6 565	6 475	6 459	6 429	6 363	6 423	6 436	6 472	6 489	6 551	6 459	6 459
17	6 585	6 495	6 479	6 449	6 383	6 443	6 456	6 492	6 509	6 571	6 479	6 479
16	6 585	6 495	6 479	6 449	6 383	6 443	6 456	6 492	6 509	6 571	6 479	6 479
15	6 585	6 495	6 479	6 449	6 383	6 443	6 456	6 492	6 509	6 571	6 479	6 479
14	6 605	6 515	6 499	6 469	6 403	6 463	6 476	6 512	6 529	6 591	6 499	6 499
13	6 605	6 515	6 499	6 469	6 403	6 463	6 476	6 512	6 529	6 591	6 499	6 499
12	6 585	6 495	6 479	6 449	6 383	6 443	6 456	6 492	6 509	6 571	6 479	6 479
11	6 585	6 495	6 479	6 449	6 383	6 443	6 456	6 492	6 509	6 571	6 479	6 479
10	6 585	6 495	6 479	6 449	6 383	6 443	6 456	6 492	6 509	6 571	6 479	6 479
9	6 565	6 475	6 459	6 429	6 363	6 423	6 436	6 472	6 489	6 551	6 459	6 459
8	6 565	6 475	6 459	6 429	6 363	6 423	6 436	6 472	6 489	6 551	6 459	6 459
7	6 565	6 475	6 459	6 429	6 363	6 423	6 436	6 472	6 489	6 551	6 459	6 459
6	6 545	6 455	6 439	6 409	6 343	6 403	6 416	6 452	6 469	6 531	6 439	6 439
5	6 545	6 455	6 439	6 409	6 343	6 403	6 416	6 452	6 469	6 531	6 439	6 439
4	6 545	6 455	6 439	6 409	6 343	6 403	6 416	6 452	6 469	6 531	6 439	6 439
3	6 525	6 435	6 419	6 389	6 323	6 383	6 396	6 432	6 449	6 511	6 419	6 419
2	6 525	6 435	6 419	6 389	6 323	6 383	6 396	6 432	6 449	6 511	6 419	6 419
1	6 525	6 435	6 419	6 389	6 323	6 383	6 396	6 432	6 449	6 511	6 419	6 419

其他楼栋的销售价目表的制作思路与 3 号楼的价目表制作方法是一样的，在此省略。

5. 步骤五：C 项目销售收入汇总

分别把 C 项目 1~9 号楼的销售价目表的每一层每一户的销售收入加总，得到每栋楼的总销售收入。商业部分的销售单价按照1.5万元/米²的建筑面积单价测算，车位按照12万元/个进行销售。该项目销售收入汇总表见表2-13。

表2-13　　　　　　　　　　　　　C项目销售收入汇总

楼栋号	销售收入/万元	销售面积/米²	建面销售均价/（元·米$^{-2}$）
1号楼	15 806.28	24 117	6 554
2号楼	16 165.63	24 117	6 703
3号楼	15 577.17	24 117	6 459
4号楼	12 184.95	18 552	6 568
5号楼	11 732.28	18 552	6 324
6号楼	15 251.29	24 117	6 324
7号楼	15 415.59	24 117	6 392
8号楼	13 999.05	21 537	6 500
9号楼	14 378.1	21 537	6 676
小计	130 511	200 764	
车位收入	车位个数	单个车位销售价格/元	车位销售收入/万元
	2 168	120 000	26 016
商业	商业销售单价/元	商业总面积/米²	商业销售收入/万元
	15 000	12 837	19 256
总收入合计/万元		175 783	

【任务小结】

在本次任务实施的过程中，操作关键步骤是进行楼盘栋差、水平差、垂直差的确定。而栋差、水平差、垂直差的确定又在于比较因素的选择与权重的确定。在进行比较因素打分时，也要凭借自己对影响楼盘因素的主观看法来进行分数的确定。因此，在楼盘价目表整个制定的过程中，需要仔细研读产品规划设计方案，力求准确做到对每栋楼、每层、每户的优劣势分析，才能保证最后结果确定的准确性。

【课后自测】

思考题

（1）制作销售价目表时，需要考虑哪些因素对房价的影响？
（2）销售价目表的制作分为哪几个步骤？
（3）如何制定栋差？
（4）如何制定水平差？
（5）如何制定垂直差？

任务三　动态财务分析

【知识目标】

（1）熟悉财务分析的基本含义及操作步骤。
（2）熟悉财务报表的基本种类。
（3）掌握现金流量表的编制方法。
（4）掌握财务净现值的计算公式和判别标准。
（5）掌握财务内部收益率的计算公式和判别标准。
（6）掌握动态投资回收期的算法和判别标准。

【技能目标】

（1）能够进行项目现金流量表的编制。
（2）能够进行项目财务净现值的计算。
（3）能够进行项目财务内部收益率的计算。
（4）能够进行项目动态投资回收期的计算。

（5）能够进行项目的可行性大小判断。

【任务描述】

截至目前，该项目已经完成了成本费用估算与销售收入估算。下一步是在这些基础工作的前提下进行项目的盈利水平和抗风险能力判断，即进行项目的财务分析。项目的财务分析根据是否考虑资金的时间价值因素可以分为静态财务分析和动态财务分析。本次任务侧重从动态的角度去进行项目盈利能力和抗风险能力的评价，以此来判断项目的可行性大小，即要进行项目的动态财务分析。

【任务分析】

判断房地产开发项目的可行性大小需要在成本数据测算、收入数据测算、开发及销售进度安排等基础工作完成的前提下，通过编制现金流量表等财务报表进行动态财务指标测算来判断项目的可行性与否。因此，需要学习现金流量表的种类及编制方法，然后根据编制的现金流量表进行项目的动态财务指标测算。

【知识平台】

一、财务分析概述

（一）财务分析及评价指标体系

财务分析又称财务评价，是从项目财务的角度，分析、计算项目直接发生的财务效益和费用，编制财务报表，计算财务评价指标，考察项目的盈利能力、清偿能力以及外汇平衡等财务状况，据此判断项目的财务可行性。财务评价是房地产开发项目可行性研究的核心内容，无论对开发商还是对给房地产开发项目提供资金支持的金融机构都是十分重要的。

房地产开发投资项目财务评价的目的是运用财务评价指标来考察项目的盈利能力和清偿能力。

盈利能力指标，是用来考察项目盈利能力水平的指标，包括静态指标和动态指标两类。其中，静态指标是在不考虑资金时间价值因素影响的情况下，直接通过现金流计算出来的经济评价指标，这些指标计算简便，通常在概略评价时采用；动态指标，则考虑了资金时间价值因素的影响，要对发生在不同时间的效益、费用计算其资金的时间价值，将现金流量进行等值化处理后计算评价指标。动态评价指标，能比较全面地反映投资方案整个计算期的经济效果，适用于详细可行性研究阶段的经济评价和计算期较长的投资项目。

清偿能力指标，是指考察项目在计算期内偿还能力的指标。除了投资者重视项目的偿债能力外，为项目提供融资的金融机构更加重视项目偿债能力的评价结果。

房地产投资项目经济评价指标体系见表2-14。

表2-14   房地产投资项目经济评价指标体系

项目类型	盈利能力指标		清偿能力指标
	静态指标	动态指标	
房地产开发投资	成本利润率 销售利润率 投资利润率 静态投资回收期	财务内部收益率 财务净现值 动态投资回收期	借款偿还期 利息备付率 资产负债率
房地产置业投资	投资利润率 静态投资回收期 资本金利润率 资本金净利润率 现金回报率、投资回报率	财务内部收益率 财务净现值 动态投资回收期	借款偿还期 偿债备付率 资产负债率 流动比率 速动比率

（二）财务分析的基本步骤

财务评价在确定的项目建设方案、投资估算和融资方案的基础上进行，主要是利用有关基础数据，通过基本财务报表，计算财务评价指标和各项财务比率，进行财务分析，做出财务评价。财务评价大致可以分为以下4步。

1. 选取、计算财务评价基础数据

通过对投资项目所处的市场进行充分调研和投资方案分析，确定项目建设方案，拟订项目实施进度计划等，据此进行财务预测，选取适当的生产价格、费率、税率、利率、基准收益率、计算期等基础数据和参数，获取项目总投资、总成本费用、租售收入、税金、利润等一系列财务基础数据。在对这些财务数据进行分析、审查、鉴定和评估的基础上，完成财务评价辅助报表。

2. 编制和分析财务评价基本报表

将上述基础数据汇总，编制现金流量表、损益表、资金来源与运用表、资产负债表及外汇平衡表等财务评价基本报表，并对这些报表进行分析评价。在分析评价的过程中，不仅要审查基本报表的格式是否符合规范要求，还要审查所填列的数据是否准确并保持前后一致。然后利用各基本报表，直接计算出一系列财务评价的指标，包括反映项目的盈利能力、清偿能力和外汇平衡能力等静态和动态指标。

3. 进行不确定性分析

对于影响项目财务指标的主要因素还要进行不确定性分析,包括敏感性分析、盈亏平衡分析。

4. 提出财务评价结论

根据上述计算的财务评价静态和动态指标,以及不确定性分析的结果,将有关指标值与国家有关部门规定的标准和目标收益率进行对比,得出项目在财务上是否可行的评价结论。

(三) 财务报表的种类

房地产开发项目财务评价报表分为基本报表和辅助报表。其中基本报表包括现金流量表、损益表、资金来源与运用表、资产负债表及财务外汇平衡表等;辅助报表包括成本费用估算表、投资计划与资金筹措表、贷款还本付息表、租售收入估算表、折旧摊销表、置业成本表等。

1. 现金流量表

现金流量表反映项目计算期内各年现金流入和现金流出,用以计算财务内部收益率、财务净现值及投资回收期等评价指标,分析项目财务盈利能力。现金流量表分为现金流量表(全部资金)和现金流量表(自有资金)。

现金流量表(全部资金)是从项目本身角度出发,不分投资资金来源。以全部投资作为计算基础,用以计算全部投资财务内部收益率、财务净现值及投资回收期等评价指标,考察房地产项目全部投资的盈利能力,为各个投资方案(不论其资金来源及利息多少)进行比较建立共同的基础。见表2-15。

与全部投资现金流量表相比,现金流量表(自有资金)的不同点在于:将现金流出、固定资产投资和流动资金中的自有资金汇总列为自有资金栏目,其数据按投资计划于资金筹措表中的"自有资金"数据填列;在"现金流出"中列"借款本金偿还"和"借款利息支付"栏目。逐年列各种借款(长期借款、流动资金借款、其他短期借款)本金偿还之和及利息支付之和。见表2-16。

表2-15　　　　　　　　　　　　全部投资现金流量表

序号	项目	合计	1	2	3	…	N
1	现金流入						
1.1	销售收入						
1.2	出租收入						
1.3	自营收入						

续表 2-15

序号	项目	合计	1	2	3	…	N
1.4	净转售收入						
1.5	其他收入						
1.6	回收固定资产余值						
1.7	回收经营资金						
2	现金流出						
2.1	开发建设投资						
2.2	经营资金						
2.3	运营费用						
2.4	修理费用						
2.5	经营税金及附加						
2.6	土地增值税						
2.7	所得税						
3	净现金流量						
4	累计净现金流量						

表 2-16　　　　　　　资本金（自有资金）现金流量表

序号	项目	合计	1	2	3	…	N
1	现金流入						
1.1	销售收入						
1.2	出租收入						
1.3	自营收入						
1.4	净转售收入						
1.5	其他收入						
1.6	回收固定资产余值						
1.7	回收经营资金						
1.8	长期借款						
1.9	短期借款						
2	现金流出						

续表 2-16

序号	项目	合计	1	2	3	…	N
2.1	开发建设投资						
2.2	经营资金						
2.3	运营费用						
2.4	修理费用						
2.5	经营税金及附加						
2.6	土地增值税						
2.7	所得税						
2.8	借款本金偿还						
2.9	借款利息支付						
3	净现金流量						
4	累计净现金流量						

2. 损益表

损益表反映项目计算期内各年利润总额、所得税及税后利润的分析情况，用以计算投资利润率指标。该报表根据总成本费用估算表、销售（经营）收入和销售税金及附加估算表填写，用损益表可求得项目税前和税后的投资利润率。见表 2-17。

表 2-17　　　　　　　　　　　损益表

序号	项目	合计	1	2	3	…	N
1	经营收入						
1.1	销售收入						
1.2	出租收入						
1.3	自营收入						
2	经营成本						
2.1	商品房经营成本						
2.2	出租房经营成本						
3	运营费用						
4	修理费用						
5	经营税金及附加						

续表 2-17

序号	项目	合计	1	2	3	…	N
6	土地增值税						
7	利润总额						
8	所得税						
9	税后利润						
9.1	盈余公积金						
9.2	应付利润						
10	未分配利润						

3. 资金来源与运用表

资金来源与运用表反映项目计算期内各年的资金盈余或短缺情况，用于选择资金筹措方案，判定适宜的借款及偿还计划，并为编制资产负债表提供依据，同时还可用以计算借款偿还期。

表中的资金来源有利润总额、折旧费、摊销费、长期借款、流动资金借款、其他短期借款、自有资金、其他资金来源、回收固定资产余值和流动资金等。资金运用包括固定资产投资、建设期利息、流动资金、所得税、应付利润、长期借款和流动资金借款本金偿还以及其他短期借款本金偿还等。见表 2-18。

表 2-18　　　　　　　　　　资金来源与运用表

序号	项目	合计	1	2	3	…	N
1	资金来源						
1.1	销售收入						
1.2	出租收入						
1.3	自营收入						
1.4	净转售收入						
1.5	资本金						
1.6	回收固定资产余值						
1.7	回收经营资金						
1.8	长期借款						
1.9	短期借款						

续表 2-18

序号	项目	合计	1	2	3	…	N
2	现金运用						
2.1	开发建设投资						
2.2	经营资金						
2.3	运营费用						
2.4	修理费用						
2.5	经营税金及附加						
2.6	土地增值税						
2.7	所得税						
2.8	借款本金偿还						
2.9	借款利息支付						
2.10	应付利润						
3	盈余资金						
4	累计盈余资金						

4. 资产负债表

资产负债表的主体结构包括三大部分，即资产、负债和所有者权益，其平衡关系用会计等式表示为：资产=负债+所有者权益。

表 2-19 综合反映了项目计算期内各年末资产、负债和所有者权益的增减变化及对应关系，以考察项目资产、负债、所有者权益的结构是否合理，用以计算资产负债率、流动比率、速动比率等指标，进行清偿能力分析与资本结构分析。

表 2-19　　　　　　　　　　资产负债表

序号	项目	合计	1	2	3	…	N
1	资产						
1.1	流动资产						
1.1.1	应收账款						
1.1.2	存货						
1.1.3	现金						
1.1.4	累计盈余资金						

续表 2-19

序号	项目	合计	1	2	3	…	N
1.2	在建工程						
1.3	固定资产净值						
1.4	无形及递延资产净值						
2	负责及所有者权益						
2.1	流动负债总额						
2.1.1	应付账款						
2.1.2	短期借款						
2.2	借款						
2.2.1	经营资金借款						
2.2.2	固定资产投资借款						
2.2.3	开发产品投资借款						
	负债累计						
2.3	所有者权益						
2.3.1	资本金						
2.3.2	资本公积金						
2.3.3	盈余公积金						
2.3.4	累计未分配利润						

二、房地产项目动态财务分析

房地产开发项目的财务分析一般分为静态财务分析与动态投资分析两大类。静态财务分析主要是指运用静态财务指标来进行项目的可行性初步分析，这些指标包括了成本利润率、销售利润率、投资利润率等。在进行静态投资分析时，一般要测算项目的利润、净利润等，不考虑资金的时间价值因素；项目动态投资分析是指根据辅助报表中的数据编制基本报表，如现金流量表。根据各项成本费用发生的时间点的不同进行费用的分摊。在考虑资金时间价值因素的前提下，进行动态财务指标如财务净现值、内部收益率、动态投资回收期等，依次判断项目的动态盈利能力。

（一）动态财务分析表

动态财务分析表见表 2-20。

表 2-20　　　　　　　　　　　动态财务分析表

(例如：全部投资现金流量表)

项　　目	0	1	2	3	4	5	6	7	…
1 现金流入									
1.1 销售收入									
1.2 自营收入									
1.3 出租收入									
2 现金流出									
2.1 土地取得成本									
2.2 前期费用									
2.3 建筑安装工程费									
2.4 公共配套设施建设费									
2.5 基础设施建设费									
2.6 管理费用									
2.7 开发期间税费									
2.8 不可预见费									
2.9 销售费用									
2.10 销售税费									
3 净现金流量									
4 累计净现金流量									
5 净现金流量折现值									
6 累计净现金流量折现值									

(二) 动态财务指标

1. 动态投资回收期

动态投资回收期是指在基准收益率（或基准折现率）的条件下，项目从投资开始到以净收益补偿投资额为止所经历的时间。

动态投资回收期=（累计净现金流量的折现值开始出现正值期数-1）+
　　　　　　　　（上期累计现金流量折现值的绝对值/本期净现金流量折现值）

2. 财务净现值

净现值是指按照投资者最低可接受的收益率或设定的基准收益率 i_c（合适的贴现率），将房地产投资项目在计算期内的各年净现金流量，折现到投资期初的现值之和。

$$NPV = \sum_{t=0}^{n} (CI - CO)_t (1 + i_c)^{-t}$$

式中：NPV——净现值；

CI_t——第 t 年的现金流入量；

CO_t——第 t 年的现金流出量；

i_c——行业或部门基准收益率或设定的目标收益率；

t——项目计算期。

净现值指标是用来判别投资项目可行与否。净现值评价标准的临界值是零。

当 $NPV>0$ 时，表明投资项目的预期收益率不仅可以达到基准收益率或贴现率所预定的投资收益水平，而且尚有盈余（即大于贴现率）；

当 $NPV=0$ 时，表明投资项目收益率恰好等于基准收益率或贴现率所预定的投资收益水平；

当 $NPV<0$ 时，表明投资项目收益率达不到基准收益率或贴现率所预定的投资收益水平（即小于贴现率）或最低可接受的回报率，甚至可能出现亏损。此时项目不可行，应拒绝。

因此，只有当 $NPV \geq 0$ 时，投资项目在财务上才是可取的，值得进一步考虑。

3. 财务内部收益率

房地产投资项目的财务内部收益率是指房地产投资项目在计算期内各期净现金流量现值累计之和等于零时的折现率。

$$\sum_{t=0}^{n} (CI - CO)_t (1 + FIRR)^{-t} = 0$$

式中：$(CI-CO)_t$——第 t 期的净现金流量；

$FIRR$——财务内部收益率。

$$FIRR = i_1 + \frac{|NPV_1|}{|NPV_1| + |NPV_2|} (i_2 - i_1)$$

式中：$FIRR$——内部收益率；

NPV_1——采用低折现率时净现值的正值；

NPV_2——采用高折现率时净现值的负值；

i_1——净现值为接近于零时的正值的折现率；

i_2——净现值为接近于零时的负值的折现率。

$FIRR$ 与 i_c 比较，反映项目与行业平均收益水平相比的盈利情况：

$FIRR>i_c$，项目盈利超出行业平均收益水平；

$FIRR=i_c$，项目盈利等于行业平均收益水平；

$FIRR<i_c$，项目盈利低于行业平均水平。

4. 基准收益率

基准收益率是净现值计算中反映资金时间价值的基准参数，是导致投资行为发生所要求的最低投资报酬率，称为最低要求收益率（MARR）。决定基准收益率大小的因素主要是资金成本和项目风险。

【任务实施】

1. 步骤一：现金流入的填写

本项目的现金流入有来自高层的销售收入、商业的销售收入、车位的销售收入。这三类物业的销售收入发生的时间及发生比例请参考项目进度计划安排表中的说明。

（1）高层销售收入现金流量填写。

根据项目进度计划安排，一期高层在2016年第1、2季度进行销售，第1季度销售60%，第2季度销售40%；二期高层在2016年第3、4季度进行销售，第1季度销售60%，第2季度销售40%。

其中，一期高层进行1、2、3、4、5栋楼的销售，从项目销售收入汇总表中可知，这5栋楼的销售收入分别为15 807万元、16 165万元、15 578万元、12 184万元、11 733万元，收入合计71 467万元。

因此，2016年第1季度高层的销售额=71 467×60%≈42 880万元

2016年第2季度高层的销售额=71 467×40%≈28 587万元

二期高层进行6、7、8、9栋楼的销售，从项目销售收入汇总表中可知，这4栋楼的销售收入分别为15 253万元、15 415万元、13 999万元、14 378万元，收入合计59 045万元。

因此，2016年第3季度高层的销售额=59 045×60%=35 427万元

2016年第4季度高层的销售额=59 045×40%=23 618万元

（2）商业销售收入现金流填写。

一期商业在2016年第2、3、4季度和2017年第1季度平均销售，共4个季度；二期商业在2016年第4季度和2017年第1、2、3季度平均销售，共4个季度。

根据项目销售收入汇总表，商业总收入为19 256万元，而项目进度计划安排表中商业是分两期进行建设和销售的。

因此，每期分别获得二分之一商业总收入，即19 256÷2=9 628万元

则一期每个季度商业销售收入=9 628÷4=2 407万元

二期每个季度商业销售收入=9 628÷4=2 407万元

(3) 车位销售收入现金流填写。

一期车位的销售在 2016 年第 3、4 季度和 2017 年第 1、2 季度平均发生，共 4 个季度；二期车位的销售收入在 2017 年第 1、2、3、4 季度均匀销售，共 4 个季度。

根据销售收入汇总表，车位的销售总收入为 26 016 万元；根据进度计划安排表中安排，车位分两期销售，每期分别获得一半的销售收入即 13 008 万元。

因此，一期车位每个季度销售收入 = 13 008÷4 = 3 252 万元

二期车位每个季度销售收入 = 13 008÷4 = 3 252 万元

2. 步骤二：现金流出的填写

现金流出的填写参考"投资估算表"中的数据。

（1）土地成本在初期一次性投入，为 44 954 万元。

（2）前期费用在前期阶段均匀投入。根据进度计划安排表，前期阶段处在 2015 年第 1、2 季度，前期费用总共为 11 958 万元，则

每个季度前期费用 = 11 958÷2 = 5 979 万元

（3）一期和二期建设费用分别在 2015 年第 3 季度至 2017 年第 2 季度、2016 年第 1 季度至 2017 年第 4 季度平均投入。在投资估算表中，建设费用包括了建筑安装工程费、基础设施建设费、公共配套设施建设费、管理费用、财务费用、销售费用、不可预见费、开发期间税费等项目，合计约 65 780 万元。一期建设面积为 158 102 米^2，二期建设面积为 136 652 米^2。建设费用按照每期的建设面积比例进行分摊。

根据测算，一期建设面积占到 53.6% 的建设比例，二期建设面积占到 46.4% 的建设比例，则

一期建设费用 = 65 780×53.6% = 35 258.08 万元

一期每个季度分摊的建设费用 = 35 258.08÷8 = 4 407.26 万元

二期建设费用 = 65 780×46.4% = 30 521.92 万元

二期每个季度分摊的建设费用 = 30 521.92÷8 = 3 815.24 万元

（4）销售税费在有销售收入的时候发生，按照每期销售收入的 7.5% 提取；销售税费的详细算法见"成本利润汇总表"。

例如：2016 年第 1 季度两期销售收入合计 42 880 万元，则

销售税费 = 42 880×7.5% = 3 216 万元

（5）土地增值税按照每期销售收入的 2% 估算。

例如：2016 年第 1 季度两期销售收入合计 42 880 万元，则

土地增值税 = 42 880×2% ≈ 858 万元

（6）企业所得税按照总所得税进行三年均摊。

从成本利润汇总表中可知，项目企业所得税共为 9 098 万元，则每年分摊企业所得税 = 9 098÷3 = 3 033 万元

3. 步骤三：净现金流量的测算

$$每期净现金流量 = 每期现金流入 - 每期现金流出$$

4. 步骤四：累计净现金流量的测算

每期累计净现金流量的累计值为当期净现金流量和之前（包括本期）所有期数净现金流量的累计之和，即为上期累计净现金流量值与本期净现金流量之和。

5. 步骤五：净现金流量折现值的计算

$$净现金流量折现值 = 当期净现金流量/(1+折现率)^n$$

可用 Excel 中运用函数来进行计算：插入—函数—选择类别中选"财务"—在下拉菜单中选 PV—输入数字：rate 为折现率，nper 为对应的期数，分别为 0，1，2，3，…；FV 为该期的净现金流量乘以 -1，设置一个单元格后可拉动单元格，复制公式后还要对公式中期数进行相应的修改。

6. 步骤六：累计净现金流量折现值的测算

每期累计净现金流量折现值的累计值为当期净现金流量折现值和之前所有期数净现金流量折现值的累计之和，即为上期累计净现金流量折现值与本期净现金流量折现值之和。

7. 步骤七：动态财务指标的测算

根据动态投资回收期、财务净现值和内部收益率的计算公式，将相关数据带入公式中得到各项动态指标值。

（1）静态投资回收期 = 7-1+18 348÷28 961 = 6.63 个季度

（2）动态投资回收期 = 7-1+23 181÷24 364 = 6.95 个季度

（3）财务净现值 FNPV 为所有现金流量折现值之和，累计净现金流量折现值这一行最后一个数据即为 15 067。也可采用 Excel 中财务公式 NPV 进行测算。

操作步骤：插入—函数—选择类别中选"财务"—在下拉菜单中选 NPV—输入数字：rate 为折现率，在 value 的那格点右面小方格，把从第一期净现金流量直到最后一期净现金流量复制过去，点 Enter 即可。最后把算出的结果加上 0 期的数据就是财务净现值。

（4）内部收益率采取 Excel 中财务指标 IRR 公式进行计算，结果为 6.4%。

操作步骤：插入—函数—选择类别中选"财务"—在下拉菜单中选 IRR，在 value 的那格点右面小方格，把 0 期净现金流量直到最后一期净现金流量复制过去，点 Enter 即可。

【任务小结】

本次任务的难点在于现金流量表的编制。而现金流量表编制的基础是投资估算表、销售收入估算表及进度计划安排表中的各项数据。现金流量表编制的最终目的是为了进行动态财务指标的测算。这些动态财务指标在一定程度上可以判断项目的可行性大小。因此,现金流量表中各项数据的准确性与否显得尤为重要。

表 2-21 为现金流量表。

表 2-21　　　　　　　　　　　　　现金流量表

	合计	2014 年	2015 年				2016 年				2017 年			
		14-4	15-1	15-2	15-3	15-4	16-1	16-2	16-3	16-4	17-1	17-2	17-3	17-4
季度		0	1	2	3	4	5	6	7	8	9	10	11	12
1 现金流入/万元	175 783	0	0	0	0	0	42 880	30 994	41 086	31 684	11 318	8 911	5 659	3 252
1.1 一期销售收入/万元	94 102	0	0	0	0	0	42 880	30 994	5 659	5 659	5 659	3 252	0	0
高层	71 467	0	0	0	0	0	42 880	28 587	0	0	0	0	0	0
商业	9 628	0	0	0	0	0	0	2 407	2 407	2 407	2 407	0	0	0
车库	13 008	0	0	0	0	0	0	0	3 252	3 252	3 252	3 252	0	0
1.2 二期销售收入/万元	81 681	0	0	0	0	0	0	0	35 427	26 025	5 659	5 659	5 659	3 252
高层	59 045	0	0	0	0	0	0	0	35 427	23 618	0	0	0	0
商业	9 628	0	0	0	0	0	0	0	0	2 407	2 407	2 407	2 407	0
车库	13 008	0	0	0	0	0	0	0	0	0	3 252	3 252	3 252	3 252
2 现金流出/万元	148 490	44 954	5 979	5 979	4 407	7 440	12 296	11 167	12 125	14 265	9 297	9 068	4 352	7 157
		14-4	15-1	15-2	15-3	15-4	16-1	16-2	16-3	16-4	17-1	17-2	17-3	17-4
季度		0	1	2	3	4	5	6	7	8	9	10	11	12
2.1 土地取得成本/万元	44 954	44 954	0	0	0	0	0	0	0	0	0	0	0	0
2.2 前期费用/万元	11 958	0	5 979	5 979	0	0	0	0	0	0	0	0	0	0
2.3 一期工程建设费用/万元	35 258	0	0	0	4 407	4 407	4 407	4 407	4 407	4 407	4 407	4 407	0	0

续表 2-21

	合计	2014年	2015年				2016年				2017年			
2.4 二期工程建设费用/万元	30 522	0	0	0	0	0	3 815	3 815	3 815	3 815	3 815	3 815	3 815	3 815
2.5 销售税费/万元	13 184	0	0	0	0	0	3 216	2 325	3 081	2 376	849	668	424	244
2.6 土地增值税/万元	3 516	0	0	0	0	0	858	620	822	634	226	178	113	65
2.7 企业所得税（按总所得税三年均摊）/万元	9 098	0	0	0	0	3 033	0	0	0	3 033	0	0	0	3 033
3 净现金流量/万元	27 293	-44 954	-5 979	-5 979	-4 407	-7440	30 584	19 827	28 961	17 419	2 021	-157	1 307	-3 905
4 累计净现金流量/万元		-44 954	-50 933	-56 912	-61 319	-68 759	-38 175	-18 348	10 613	28 032	30 053	29 896	31 203	27 298
5 净现金流量折现值（季度折现率 i = 2.5%）/万元		-44 954	-5 833	-5 691	-4 092	-6 740	27 032	17 097	24 364	14 297	1 618	-123	996	-2 904
6 累计净现金流量折现值/万元		-44 954	-50 787	-56 478	-60 570	-67 310	-40 278	-23 181	1 183	15 480	17 098	16 975	17 971	15 067
动态投资回收期		0	0	0	0	0	0	0	0	0	0	0	0	6.95
财务净现值/万元		0	0	0	0	0	0	0	0	0	0	0	0	15 067
内部收益率		0	0	0	0	0	0	0	0	0	0	0	0	6.4%

【课后自测】

一、选择题

（1）财务内部收益率是指项目在整个（　　）内，各年净现金流量现值累计等于零时的折现率。

A. 计算期　　　　　　　　B. 动态投资回收期

C. 项目寿命期　　　　　　D. 开发期

(2) 某房地产开发项目的财务净现值大于零,说明该项目的收益率高于( )。

A. 社会平均收益率　　　　　　B. 通货膨胀率

C. 国民经济增长率　　　　　　D. 项目基准收益率

(3) 下列资金中,不属于资本金现金流量表中现金流入的是( )。

A. 回收固定资产余值　　　　　B. 自有资金

C. 长期借款　　　　　　　　　D. 净转售收入

(4) 现金流量表可以用来进行房地产开发项目的( )分析。

A. 财务盈利能力　　　　　　　B. 清偿能力

C. 资金平衡情况　　　　　　　D. 营运能力

(5) 某项目净现值和累计净现值见下表,则该项目的动态投资回收期为( )年。

年末	0	1	2	3	4	5
净现值/万元	−200 000	446.35	432.32	532.59	640.67	455.57
累计净现值/万元	−200 000	−1 553.65	−1 121.33	−588.74	51.93	507.5

A. 3.09　　　　　　　　　　　B. 3.48

C. 3.83　　　　　　　　　　　D. 3.92

(6) 某房地产开发项目,当 $i=14\%$ 时,净现值为 450 万元;当 $i=15\%$ 时,净现值为 −200 万元,平均资金成本率为 13.2%,基准收益率为 10%。该项目的财务内部收益率为( )。

A. 20%　　　　　　　　　　　B. 14.31%

C. 14.69%　　　　　　　　　　D. 14.80%

【答案】(1) A;(2) D;(3) B;(4) A;(5) D;(6) C。

任务四　敏感性分析

【知识目标】

(1) 了解敏感性分析的基本含义。

(2) 理解敏感性分析的基本类型。

(3) 掌握敏感性分析的基本步骤。

【技能目标】

（1）能够进行项目的地价敏感性分析。

（2）能够进行项目的房价敏感性分析。

【任务描述】

在进行了房地产开发项目的动态和静态财务分析以后，初步得出了该房地产项目的项目盈利能力和资金平衡能力的大小。而在房地产项目成本利润测算过程中的相关数据是通过初步估算得到的，和未来的项目实际开发存在很大差别。而这些数据的变化对房地产项目的可行性影响甚大。因此有必要找出影响房地产开发项目的敏感性因素，进而分析这些敏感性因素对项目的影响力的大小。本任务则是在房地产静态和动态财务分析的基础上着重分析地价因素和房价因素对项目利润率高低的影响。

【任务分析】

要进行项目的地价和房价敏感性分析，需要借助于项目投资估算与利润测算的基础数据进行。在地价敏感性分析时假定其他数据不变，设定地价上涨和下降一定幅度，分析对比项目相关利润率变化的幅度，以此来决定项目地价出价的范围和地价上限的确定。房价的敏感性分析思路与地价敏感性分析思路类同。地价、房价敏感性分析流程图见图 2-3。

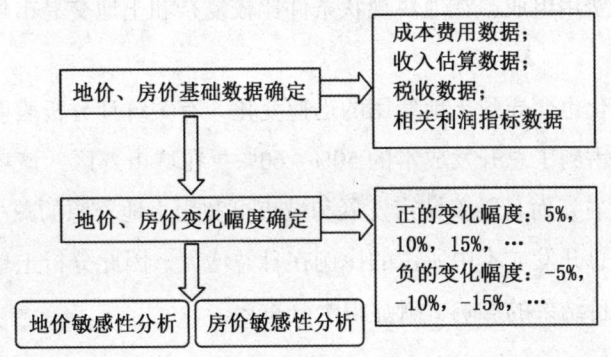

图 2-3 地价、房价敏感性分析流程图

【知识平台】

一、房地产开发项目不确定性分析的含义

房地产开发项目不确定性分析是分析不确定性因素对项目可能造成的影响，进而分析可能出现的风险。不确定性分析是房地产项目经济评价的重要组成部分，对房地产项目投资决策的成败有着重要的影响。房地产开发项目不确定性分析可以帮助投资者根据房地产项目投资风险的大小和特点，确定合理的投资收益水平，提出控制风险的方案，有重点地加强对投资风险的防范和控制。

房地产开发项目不确定性分析主要包括敏感性分析、临界点分析和概率分析。

二、不确定性分析的因素

不确定性分析的因素主要有租售价格、土地费用、建安工程费、开发期与租售期、容积率与有关设计参数、资本化率、贷款利率等。

(一) 土地费用

土地费用是房地产开发项目评估中一个重要的计算参数。在进行项目评估时如果开发商还没有获取土地使用权，土地费用往往是一个未知数。因此通常要参照近期土地成交的案例，通过市场比较或其他方法来估算土地费用。而土地费用是由出让金、城市建设配套费和土地开发费用组成，在地块现状条件比较复杂和土地交易市场不很健全的情况下，很难准确估算。

房地产市场的变化也会导致土地费用的迅速变化。有关统计分析表明，在大城市中心区，土地费用已经占到了总开发成本的50%~60%；在城市郊区，该项费用也占到了总开发成本的30%左右。而且随着城市发展和城市可利用土地资源的减少，土地费用在城市房地产开发项目总开发成本中所占的比例在日益增大。因此分析土地费用变化对房地产开发项目经济评价结果的影响，就显得十分重要。

(二) 建安工程费用

在房地产开发项目评估过程中，建安工程费用的估算比租金售价的估算要容易一些，但即使这样，评估时所使用的估算值与实际值也很难相符。导致建安工程费用发生变化的原因主要有两种：

(1) 开发商在决定购置某块场地进行开发之前，通常要进行或委托房地产评估机构进行整个建安工程费用的详细估算，并在此基础上测算能承受的最高地价。当开发商

获得土地使用权后,就要选择一个合适的承包商,并在适宜的时间从该承包商处得到一个可以接受的合理报价,即标价,并据此签订建设工程承包合同。由于建安工程费用的估算时间与承包商报价时间之间经历了购置土地使用权等一系列前期准备工作,两者往往相差半年到一年时间,这期间可能会由于建筑材料或劳动力价格水平的变化导致建安工程费用出现上涨或下跌的情况,使进行项目评估时估计的建安工程费用与签订承包合同时的标价不一致。如果合同价高于原估算值,则开发商利润就会减少;反之,如果合同价低于原估算值,则开发商利润就会增加。

(2) 当建筑工程开工后,由于建筑材料价格和人工费用发生变化,也会导致建安工程费用改变。这种改变对开发商是否有影响,要看工程承包合同的形式如何。如果承包合同是一种固定总价合同,则建安工程费用的变动风险由承包商负担,对开发商基本无影响。否则,开发商要承担项目建设阶段由于建筑材料价格和人工费用上涨所引起的建安工程费用增加额。

(三) 租售价格

租金收入或销售收入构成了房地产开发项目的主要现金流入,因此租金或售价对房地产开发项目收益的影响是显而易见的,而准确地估算租金和售价又非易事。在项目评估过程中,租金或售价的确定是通过与市场上近期成交的类似物业的租金或售价进行比较、修正后得出的。这种比较实际上隐含着一个基本假设,即不考虑通货膨胀因素以及租金和售价在开发期间的增加或减少,而仅以"今天"的租金和售价水平估算。但同类型物业市场上供求关系的变化,开发过程中社会、经济、政治和环境等因素的变化,都会对物业租售价格水平产生影响,而这些影响是很难事先定量描述的。

(四) 开发期与租售期

房地产开发项目的开发期,由准备期和建造期两个阶段组成。在第一个阶段,开发商要进行征地、拆迁、安置、补偿工作,委托设计院做规划设计方案和方案审批,还要办理市政基础设施的使用申请等手续。如果开发商报送的方案不能马上得到政府有关部门的批准或批准的方案开发商不满意,这不仅会使项目的规模、布局发生变化,还会拖延宝贵的时间。另外,在项目的建设工程开工前,开发商还要安排工程招标工作,招标过程所需时间的长短又与项目的复杂程度、投标者的数量有关,而招标时间长短,亦会影响到开发期的长短。

建造期即建筑施工工期,一般能够较为准确地估计,但受某些特殊因素的影响,也可能会导致施工工期延长。例如某些建筑材料或设备短缺、恶劣气候、政治经济形势发生突变、劳资纠纷引起工人罢工,或者基础开挖中发现重要文物或未预料到的特殊地质条件等都可能会导致工程停工,使施工工期延长。由于施工工期延长,开发商一方面要承担更多的贷款利息，另一方面还要承担总费用上涨的风险。另外，承包合同形式选择不当也可能导致承包商有意拖延工期，致使项目开发期延长。

租售期（出租期或出售期）的长短与宏观社会经济状况、市场供求状况、市场竞争状况、预期未来房地产价格变化趋势、房地产项目的类型等有直接关系。例如，中低价位的商品住宅和经济适用房项目，其销售周期就远远低于高档商品住宅项目；商用房地产开发项目的租售周期，就远远大于住宅项目。当房地产市场出现过量供应、预期房地产价格会下降时，租售期就会延长；商品房供应减少、预期房地产价格上涨时，租售期就会缩短。租售期延长，会增加房地产开发项目的融资成本和管理费用等项支出，特别是在贷款利率较高的情况下，出租或出售期的延长，将会给开发商带来沉重的财务负担。

（五）容积率及有关设计参数

当开发项目用地面积一定时，容积率的大小就决定了项目可建设建筑面积的数量，而建筑面积直接关系到项目的租金收入、销售收入和建安工程费用。如前所述，项目评估阶段，开发商不一定能拿到政府有关部门的规划批文，因此容积率和建筑面积是不确定的。另外，即使有关部门批准了开发项目的容积率或建筑面积，项目可供出租或出售的面积仍然不能完全肯定。因为大厦出售时公共面积的可分摊和不可分摊部分、大厦出租时可出租面积占总建筑面积的比例等参数，在项目评估阶段只能根据经验大致估算。

（六）资本化率

资本化率也是影响经济评价结果最主要的因素之一，其稍有变动，将大幅度影响项目总开发价值或物业资本价值的预测值。众所周知，项目总开发价值或物业资本价值可用项目建成后年净经营收入除以资本化率来得到。现假定某项目年净租金收入期望为100万元，若进行市场调查与分析后认定资本化率为7%，与认定为8%，两者相差1%，但所求得的项目资本价值相差1 428万元－1 250万元＝178万元。另外，在利用折现现金流分析法进行项目评估时，行业内部收益率或目标收益率，也在很大程度上影响着项目的投资决策。

由于不同估价人员的经验、专业知识以及手中所掌握的市场资料所限，所选择的参照项目可能不同，因此会得出不同的结论。另外，由于开发周期内市场行情的改变，以及参照项目与评估项目之间的差异，评估时所选择的资本化率或折现率与将来实际投资收益率相比，也不可避免地会出现误差，从而使开发商要承担附加风险。

（七）贷款利率

贷款利率的变化对开发项目财务评价结果的影响也很大。由于房地产开发商在开发建设一个项目时，资本金往往只占到投资总额的20%~30%，其余部分都要通过金融机构借款或预售楼花的方式筹措。所以，资金使用成本即利息支出对开发商最终获利大小的影响极大。有关资料表明，20世纪90年代初期，中国房地产开发项目的财务成本曾经占到了总开发成本的15%~25%。进入21世纪以来，由于世界范围内的经济增长速度放缓，各国贷款利率水平持续下调，到2002年已经降低到6%左右，并一直持续到2006年。但从2007年开始，各国出于防止经济增长过热或抵御通货膨胀的原因，贷款利率进入了上升通道，使2007年末的长期贷款利率又恢复到了8%左右的较高水平。随着全球经济的复苏，未来的贷款利率肯定会再次回升。利率的影响，决定了开发商利用财务杠杆的有效性。

除以上七个主要不确定性因素外，开发项目总投资中资本金或借贷资金所占的比例等的变动也都会对项目评估结果产生较大的影响。

三、房地产置业投资项目的主要不确定性因素

对于房地产置业投资项目，影响其投资经济效果的主要不确定性因素包括购买价格、权益投资比率、租金水平、空置率、运营成本、贷款利率等。由于租金水平和贷款利率对置业投资项目影响的机理与房地产开发项目相同，因此这里重点分析其他不确定性因素。

（一）购买价格

购买价格是房地产置业投资项目的初始资本投资数额，其高低变化在很大程度上影响着房地产置业投资经营的绩效。高估或低估初始购买价格，会使经济评价指标偏低或偏高，可能导致投资者失去投资机会或承担过多的投资风险。房地产投资分析中购买价格的确定，应该以房地产估价师估算的拟购买房地产资产的公开市场价值或价格为基础，很显然，这种基于评估的购买价格有很大的不确定性。

（二）权益投资比率

权益投资比例指投资者所投入的权益资本或资本金占初始资本投资总额的比例。权益投资比率低，意味着投资者使用了高的财务杠杆，使投资者所承担的投资风险和风险报酬相应增加，权益投资收益率提高。通常情况下，当长期抵押贷款利率较低、资金可获得性较好时，风险承受能力较强的投资者喜欢选用较低的权益投资比率。但金融机构出于控制信贷风险的考虑，通常要求投资者权益投资的比率不得低于某一要求的比率。

（三）空置率

空置率是准备出租但还没有出租出去的建筑面积占全部可出租建筑面积的比例。对于房地产置业投资项目或建成后用于出租经营的房地产开发项目，空置率的估计对于估

算房地产项目的有效毛租金收入非常重要。空置率提高,会导致有效毛租金收入减少;空置率降低,会使有效毛租金收入提高。空置率的变化与宏观社会经济环境、市场供求关系、租户支付租金的能力等有关,所以准确估计某类物业的空置率,也不是一件很容易的事。

(四)运营成本

运营费用是为了保持物业正常运行,满足租户的使用要求而支付的费用。虽然可以通过与物业管理公司和物业服务公司签署长期合约来减少物业维护管理费用的变动,但仍不能排除通货膨胀因素对这部分费用的影响。尤其是对于旧有物业的投资,其大修理费用和设备更新费用,也存在着较大的不确定性。与持有物业相关的房地产税,也会依不同的年度而有所变化。

四、不确定性因素的相互作用

房地产开发过程中所涉及的这些不确定性因素,或者以独立的形式,或者以相互同步或不同步的形式发生着变化。这些变化的最终结果,是对房地产项目的费用和效益产生影响。假如开发项目的总收入和总费用是以同步形式发生变化的,那么开发商的纯利润将基本保持不变。在这种前提下对项目进行不确定性分析的意义不大。

但在房地产开发投资过程中,总收入和总费用的变化并不同步。因此,有必要对各不确定性因素的变化情况,以及这些变化对开发商或投资者的收益有何影响,影响程度怎样,进行详细分析,以保证开发投资决策有充分的依据。

五、敏感性分析

(一)敏感性分析的概念

敏感性分析是通过预计房地产项目不确定性因素发生的变化,分析对项目经济效益产生的影响;通过计算这些因素的影响程度,判断房地产项目经济效益对各个影响因素的敏感性,并从中找出对于房地产项目经济效益影响较大的不确定性因素。敏感性分析包括单因素敏感性分析和多因素敏感性分析。

(二)敏感性分析的分类

1. 单因素敏感性分析

单因素敏感性分析是敏感性分析的最基本方法。进行单因素敏感性分析时,首先假设各因素之间相互独立,然后每次只考察一项可变参数的变化而其他参数保持不变时项目经济评价指标的变化情况。

2. 多因素敏感性分析

多因素敏感性分析是分析两个或两个以上的不确定性因素同时发生变化时，对项目经济评价指标的影响。由于项目评估过程中的参数或因素同时发生变化的情况非常普遍，所以多因素敏感性分析也有很强的实用价值。多因素敏感性分析一般是在单因素敏感性分析基础上进行的，且分析的基本原理与单因素敏感性分析大体相同。但需要注意的是，多因素敏感性分析须进一步假定同时变动的几个因素都是相互独立的，且各因素发生变化的概率相同。

进行房地产项目敏感性分析时，可以采用列表的方法表示由不确定性因素的相对变动引起的评价指标相对变动幅度，也可以采用敏感性分析针对多个不确定性因素进行比较。

（三）敏感性分析的步骤

房地产开发项目敏感性分析主要包括以下几个步骤。

（1）确定用于敏感性分析的经济评价指标。通常采用的指标为内部收益率，必要时也可选用其他经济指标。在具体选定评价指标时，应考虑分析的目的，显示的直观性、敏感性，以及计算的复杂程度。

（2）确定不确定性因素可能的变动范围。

（3）计算不确定性因素变动时，评价指标的相应变动值。

（4）通过评价指标的变动情况，找出较为敏感的变动因素，做出进一步的分析。

【任务实施】

1. 步骤一：项目基础数据整理

确定该项目的基础财务数据。这些数据包括投资数据总额、收入估算总额、销售税费、毛利润、土地增值税、企业所得税、净利润、销售利润率、销售净利润率、成本利润率、投资利润率、动态投资回收期、财务内部收益率等数据。为此，还需进行项目的静态财务分析，具体测算结果见表2-22。

表2-22　　　　　　　　　　　成本利润汇总表

序号	项目	金额/万元	填写说明
一	项目总开发成本	122 691.8	
二	项目总收入	175 783.06	
1	高层	130 511.51	参照销售收入估算结果
2	商业	19 255.55	参照销售收入估算结果
3	车位	26 016.00	参照销售收入估算结果

续表2-22

序号	项目	金额/万元	填写说明
三	销售税费	13 183.73	
1	两税一费	9 668.07	按销售收入的5.5%计算
2	印花税、交易手续费等	3 515.66	按销售收入的2%提取
四	利润	39 907.52	总收入-销售税费-总开发成本
五	土地增值税	3 515.66	按土地增值税计算方法计算，如果估算则按照销售收入的2%提取
六	企业所得税	9 097.97	按（利润-土地增值税）的25%计算
七	净利润	27 293.89	利润-土地增值税-企业所得税
六	静态财务指标		
1	成本利润率	32.5%	利润/项目总开发成本
2	销售利润率	22.7%	利润/总销售收入
3	销售净利润率	15.5%	净利润/总销售收入

2. 步骤二：地价、房价变动幅度确定

将地价、房价的敏感性变动幅度定为：5%，10%，15%，20%，25%，30%，-5%，-10%，-15%，-20%，-25%，-30%。

3. 步骤三：制定地价、房价敏感性分析表

地价、房价敏感性分析表中要将地价、房价原始数据、地价和房价变化幅度、各项数据的变动数据反映在表中。地价敏感性分析表和房价敏感性分析表要分开制定。

4. 步骤四：进行地价敏感性分析

在进行地价敏感性分析时，假定地价是变动的，而房价是不变动的。则项目的成本数据是随着地价的变化而变化的，而收入估算保持原有的数据不变。地价敏感性分析结果见表2-23。

表2-23　　　　　　　　　　　地价敏感性分析表

项目内容	地价变化幅度									
楼面地价增减幅度/%	-25	-20	-10	0	5	10	15	20	25	30
楼面地价/（元·米$^{-2}$）	1 500	1 600	1 800	2 000	2 100	2 200	2 300	2 400	2 500	2 600
总地价/万元	33 780	36 015	40 484	44 954	47 189	49 424	51 659	53 894	56 129	58 363

续表 2-23

项目内容	地价变化幅度									
项目总投资/万元	111 517	113 752	118 222	122 692	124 927	127 162	129 396	131 631	133 866	136 101
地价占总投资比例/%	30.29	31.66	34.24	36.64	37.77	38.87	39.92	40.94	41.93	42.88
总销售收入/万元	175 783	175 783	175 783	175 783	175 783	175 783	175 783	175 783	175 783	175 783
销售税费/万元	13 184	13 184	13 184	13 184	13 184	13 184	13 184	13 184	13 184	13 184
毛利润/万元	51 082	48 847	44 377	39 907	37 672	35 437	33 203	30 968	28 733	26 498
土地增值税/万元	3 516	3 516	3 516	3 516	3 516	3 516	3 516	3 516	3 516	3 516
企业所得税/万元	11 891	11 333	10 215	9 098	8 539	7 980	7 422	6 863	6 304	5 746
净利润/万元	35 674	33 998	30 646	27 294	25 617	23 941	22 265	20 589	18 913	17 237
成本利润率/%	45.8	42.9	37.5	32.5	30.2	27.9	25.7	23.5	21.5	19.5
销售利润率/%	29.1	27.8	25.2	22.7	21.4	20.2	18.9	17.6	16.3	15.1
销售净利润率/%	20.3	19.3	17.4	15.5	14.6	13.6	12.7	11.7	10.8	9.8

5. 步骤五：进行房价敏感性分析

在进行房价敏感性分析时，假定房价是变动的，而成本数据是不变动的，则项目的收入估算数据随着房价的变动而变动。房价敏感性分析结果见表 2-24。

表 2-24　　　　　　　　　　售价敏感性分析表

项目内容	高层售价变化幅度								
高层售价变化比例/%	-20	-15	-10	-5	0	5	10	15	20
高层销售均价/(元·米$^{-2}$)	5 201	5 526	5 851	6 176	6 501	6 826	7 151	7 476	7 801
销售收入/万元	149 681	156 206	162 732	169 257	175 783	182 309	188 834	195 360	201 885
总投资/万元	122 039	122 202	122 366	122 529	122 692	122 855	123 018	123 181	123 344
销售税费/万元	11 226	11 715	12 205	12 694	13 184	13 673	14 163	14 652	15 141
毛利润/万元	16 415	22 288	28 161	34 034	39 908	45 781	51 654	57 527	63 400
土地增值税/万元	2 994	3 124	3 255	3 385	3 516	3 646	3 777	3 907	4 038
企业所得税/万元	3 355	4 791	6 227	7 662	9 098	10 534	11 969	13 405	14 840
净利润/万元	10 066	14 373	18 680	22 987	27 294	31 601	35 908	40 215	44 521
成本利润率/%	13.5	18.2	23.0	27.8	32.5	37.3	42.0	46.7	51.4
销售利润率/%	11.0	14.3	17.3	20.1	22.7	25.1	27.4	29.4	31.4
销售净利润率/%	6.7	9.2	11.5	13.6	15.5	17.3	19.0	20.6	22.1

【任务小结】

敏感性分析的目的是用来判断不确定性因素对项目盈利能力和抗风险能力大小的影响。本次任务中选取了地价和房价来着重分析这两项因素变化对项目的可行性大小的影响。地价的成本变动主要是因为买地时拍卖价格或招标、挂牌的不确定性，房价的变动是由于未来市场的变动及竞争程度的不同而导致的。通过这两项变动因素的分析，可以在一定程度上确定项目地价和房价的可变区间，为项目决策提供依据。

【课后自测】

一、单项选择题

（1）下列关于敏感性分析的方法和步骤表达不当的一项是（　　）。

A. 找出那些最能反映项目投资效益的经济评价指标（如财务内部收益率等）作为其分析对象

B. 从众多影响项目投资效益的不确定性因素中选取对经济评价指标无影响并在开发周期内不发生变化的因素作为敏感性分析中的不确定性因素

C. 分析时要设定不确定性因素的变化范围

D. 对项目的经济评价指标进行分析计算，找出敏感性因素

（2）下列关于敏感性分析的步骤说法错误的是（　　）。

A. 进行敏感性分析的第一步为确定用于敏感性分析的经济评价指标

B. 敏感性分析通常采用的指标为内部收益率，必要时也可选用其他经济指标

C. 在进行敏感性分析时要根据不确定性因素的变化分析经济指标的变化

D. 在进行敏感性分析时常用的分析指标为项目总投资

（3）对某房地产项目进行敏感性分析，当地价、建造成本、贷款利率、资本化率分别降低0%时，项目开发利润的变化分别为 27.31 万元、55.04 万元、10.16 万元、88.33 万元，则其中最敏感的因素是（　　）。

A. 地价　　　B. 建造成本　　　C. 贷款利率　　　D. 资本化率

【答案】（1）B；（2）D；（3）D。

二、判断题

（1）房地产投资分析中的敏感性分析是在风险因素发生的概率可以确定的情况下的风险分析。（　　）

（2）房地产投资分析中的敏感性分析是在根据不确定性因素分析的基础上观察评价指标的变化，这也是敏感性分析的最后一个步骤。（　　）

【答案】（1）×；（2）×。

三、思考题

敏感性分析的步骤有几步？分别是什么？

【项目评价】

表 2-25　　　　　　　　　　　项目评价标准及分值表

项目任务	知识要求	分值	得分	技能要求	分值	得分
任务一 项目进度计划安排	①是否了解甘特图的含义	5		①是否能够进行项目进度计划安排	5	
	②是否掌握了甘特图绘制的步骤	5		②是否能够绘制项目甘特图	5	
任务二 销售价目表的制作	①是否明确销售价目表制作的流程	5		①是否能够制定项目销售价目表的操作步骤	5	
	②是否明确栋差的计算方法	10		②是否能够进行项目栋差的计算	10	
	③是否明确水平差的计算方法	10		③是否能够进行项目水平差的计算	10	
	④是否明确垂直差的计算方法	8		④是否能够进行项目垂直差的计算	8	
	⑤是否明确总销售收入的算法	5		⑤是否能够进行项目销售收入的汇总	5	
任务三 动态财务分析	①是否明确动态投资分析的含义	5		①是否能够进行现金流量表的编制	5	
	②是否明确现金流量表的编制方法	5		②是否能够进行项目现金流入项目的填写	5	
	③是否明确现金流入、现金流出、净现金流量、净现金流量折现值的算法	10		③是否能够进行项目现金流出项目的填写	10	
	④是否明确动态财务指标的基本含义及计算公式	15		④是否能够进行项目动态财务指标的测算	15	

续表 2-25

项目任务	知识要求	分值	得分	技能要求	分值	得分
任务四 敏感性分析	①是否明确项目不确定性因素的种类	5		①是否能够编制地价和房价敏感性分析表	5	
	②是否明确敏感性分析的含义	5		②是否能够进行地价敏感性分析	5	
	③是否明确项目敏感性分析的步骤	7		③是否能够进行房价敏感性分析	7	
合计	知识得分合计	100		技能得分合计	100	

拓展一 盈亏平衡分析

一、盈亏平衡分析的基本概念

盈亏平衡分析是在完全竞争或垄断竞争的市场条件下，研究投资项目产品成本、产销量与盈利的平衡关系的方法。对于一个投资项目而言，随着产销量的变化，盈利与亏损之间一般至少有一个转折点，我们称这种转折点为盈亏平衡点（BEP），在这一点上，销售收入和总成本费用相等，既不亏损也不盈利。盈亏平衡分析就是要找出项目方案的盈亏平衡点。

盈亏平衡分析的基本方法是建立成本与产量、销售收入与销量之间的函数关系，通过对这两个函数及其图形的分析，找出平衡点。

二、线性盈亏平衡分析

盈亏平衡分析有线性盈亏平衡分析和非线性盈亏平衡分析。当产销量的变化不影响市场销售价格和生产成本时，成本与产量、销售收入与销量之间呈线性关系，此时的盈亏平衡分析属于线性盈亏平衡分析。当市场上存在垄断竞争因素的影响时，产销量的变化会导致市场销售价格和生产成本的变化，此时的成本与产量、销售收入与销量之间呈非线性关系，所对应的盈亏平衡分析也就属于非线性盈亏平衡分析。实际工作中，线性盈亏平衡分析最常用。

线性盈亏平衡分析的基本公式是：

年销售收入方程：$B = P \times Q$

年总成本费用方程：$C = C_t + C_v \times Q$

式中：B ——销售收入；

C ——总成本；

C_t ——固定成本；

C_v ——变动成本；

Q ——产销量。

当实现盈亏平衡时，有 $B = C$，由此可以推导出盈亏平衡产量、盈亏平衡价格、盈亏平衡单位产品变动成本。

三、房地产项目的盈亏平衡分析的种类

房地产项目的盈亏平衡分析，有临界点分析和保本点分析两种，两者的主要差异在于平衡点的设置。

临界点分析，是分析计算一个或多个风险因素变化而使房地产项目达到允许的最低经济效益指标的极限值，以风险因素的临界值组合显示房地产项目的风险程度。

保本点分析，是分析计算一个或多个风险因素变化而使房地产项目达到利润为零时的极限值，以风险因素的临界值组合显示房地产项目的风险程度。

单个风险因素临界值的分析计算可以采用列表法和图解法进行，多个风险因素临界值组合的分析计算可以采用列表法进行。

四、临界点分析

(一) 最低租售价格分析

租金和售价，是房地产项目最主要的不确定性因素，能否实现预定的租售价格，通常是房地产开发投资项目成败的关键。

最低售价是指开发项目的房屋售价下降到预定可接受最低盈利时的价格，房屋售价低于这一价格时，开发项目的盈利将不能满足预定的要求。

最低租金是指开发投资项目的房屋租金下降到预定可接受最低盈利时的水平，房屋租金低于这一水平时，开发投资项目的盈利将不能满足预定的要求。

最低租售价格与预测租售价格之间差距越大，说明房地产项目抗市场风险的能力越强。

(二) 最低租售数量分析

最低销售量和最低出租率，也是房地产项目最主要的不确定性因素，能否在预定售

价下销售出理想的数量，或在一定的租金水平下达到理想的出租率，通常是开发投资项目成败的关键。

最低销售量是指在预定的房屋售价条件下，要达到预定的最低盈利，所必须达到的销售量。最低出租率是指在预定的房屋租金水平下，要达到预期的最低盈利，所必须达到的出租率水平。

最低销售量与可供销售数量之间的差距越大，最低出租率的值越低，说明房地产项目抗市场风险的能力越强。

（三）最高土地取得价格

最高土地取得价格是指开发项目销售额和其他费用不变条件下，保持满足预期收益水平，所能承受的最高土地取得价格。土地取得价格超过这一价格时，开发项目将无法获得足够的收益。最高土地取得价格与实际估测的土地取得价格之间差距越大，开发项目承受土地取得价格风险的能力越强。

（四）最高工程费用

最高工程费用是指在预定销售额下，要满足预期的开发项目收益要求，所能承受的最高工程费用。最高工程费用与预测可能的工程费用之间差距越大，说明开发项目承受工程费用增加风险的能力越大。

（五）最高购买价格

对于房地产置业投资项目，初始购买价格，对能否实现预期投资收益目标非常重要。最高购买价格是指在这样的购买价格水平下，项目投资刚好满足投资者的收益目标要求。最高购买价格高出实际购买价格的数额越大，说明该置业投资项目抵抗风险的能力越强。

（六）最高运营费用比率

运营费用比率是指投资性物业中运营费用支出占毛租金收入的比率。该比率越高，则预示着投资项目所获得的净经营收入越低，进而影响到投资项目的投资绩效。最高运营费用比率，是指满足投资者预期收益目标时的运营费用比率。最高运营费用比率越高，说明投资项目抵抗风险的能力越强。

五、保本点分析

（一）盈亏平衡保本点分析的数学模型

利润＝单位售价×销量－单位售价×销量×销售税率－单位变动成本×销量－固定成本
　　＝单位售价×销量×(1－销售税率)－单位变动成本×销量－固定成本

（二）盈亏平衡点 BEP（Q）

$$BEP(Q) = \frac{C_f}{P-C_v-t}$$

生产单一产品，当盈亏平衡时，项目产品的产销量公式中：C_f 为固定成本，C_v 为变动成本，Q 为产销量；P 为销售单价，t 为单位产品销售税金及附加。

生产能力利用率 BEP（%）则为

$$BEP(\%) = \frac{BEP(Q)}{Q} \times 100\%$$

（三）盈亏平衡点 BEP（S）

$$BEP(S) = BEP(Q) \times P = \frac{C_f}{P-C_v-t} \times P$$

生产多种产品时，可用销售收入来表示盈亏平衡点。公式中：C_f 为固定成本，C_v 为变动成本，Q 为产销量；P 为销售单价，t 为单位产品销售税金及附加，S 为销售收入。

（四）盈亏平衡点 BEP（P）

$$BEP(P) = \frac{C_f}{Q} + C_v + t$$

按照设计生产能力进行生产和销售，盈亏平衡点还可以用 BEP（P）来表示。公式中：C_f 为固定成本，C_v 为变动成本，Q 为产销量，P 为销售单价，t 为单位产品销售税金及附加。

拓展二　房地产风险分析

一、房地产投资风险的含义

房地产投资风险是指由于投资房地产而造成损失的可能性。这种损失包括投入资金的损失和未达到预期收益的损失。

二、房地产投资风险的分类

由于在房地产投资中存在着复杂的不确定性因素，因此其风险因素也很多。一般来说，可以把房地产投资风险分为系统风险和非系统风险两部分。系统风险是指由于某种全局性的因素引起的投资收益的可能变动，这种因素以同样的方式对所有的收益产生影响。系统风险主要包括市场风险、利率风险和购买力风险。非系统风险是指发生于个别企业的特有事件造成的风险。系统风险和非系统风险的分类表明，系统风险应尽可能回避，非系统风险应尽可能消除。

三、房地产投资风险的特征

房地产投资风险的特征包括以下六个方面。

（一）不确定性

项目风险是不可避免的，而房地产开发更是如此。对于一个特定的项目的一个特定的风险来说，它的发生是诸多因素共同作用的结果，是一种随机现象。

（二）规律性和可预测性

风险的产生是来自于客观条件的不断变化，即风险因素是各种不确定性因素的伴随物。但是由于房地产项目的环境变化和实施总是有一定的规律性，所以风险的发生和影响也必然有一定的规律性，风险是可以预测的。

（三）可变性

风险活动除了有规律性，还存在变化的可能性，一旦引起风险的因素发生变化时，风险也必然随之发生变化。在房地产项目实施的整个过程中，各种风险在质和量上都可能会发生变化，随着项目的不断持续，有些风险得到控制变小，有些风险会发生并得到有效处理，但与此同时在每一阶段都可能产生新的风险。

（四）潜在性

尽管房地产项目风险客观存在可能性，但风险的不确定性决定了它仅仅是一种可能，而这种可能要变为现实还需要有必要的条件，这就是风险的潜在性。

（五）阶段性

风险的发展不是一成不变的，而是分阶段的，这就是房地产项目风险的阶段性。一般认为它包括三个阶段：潜在风险阶段、风险发生阶段、造成后果阶段。

（六）结果双重性

风险所引发的结果可能是损失也可能是收益，这就是房地产项目风险的结果双重性。传统上把项目风险看成是一种损失，因此项目风险的双重性也就意味着风险与收益机会共存。

四、房地产投资风险因素系统分析

房地产市场千变万化的根本原因是由于一系列不确定性因素的存在。这些不确定性因素的影响产生的动态变化会给在房地产市场中交易的商品经营者带来各种不同形式的风险。如果完全不考虑这些风险因素或遗漏了主要因素，那么风险分析就可能有很大的偏差；但要把每个风险因素包罗万象地都加以考虑，则会导致研究模型的过度复杂化，这是不现实的。经过风险分析，可以合理地、尽可能地缩小风险因素的不确定性，找到影响风险的主要因素，从而为投资者提供最科学的风险对策。

要想保证风险分析的质量，必须科学地分析房地产投资过程中可能存在的各种风险因素，采取相应措施或对策来尽可能地减少风险损失。

（一）自然风险

自然风险指的是由于自然因素具有不确定性，导致房地产商品的生产过程和经营过程可能受到的影响和直接破坏，对房地产开发商和经营者造成经济上的损失，如风暴风险、火灾风险、洪水风险等。

（二）政治风险

房地产的不可移动性使房地产投资者要承担相当程度的政治风险。政治风险主要由以下因素造成：政变、战争、经济制裁、外来侵略、骚乱等。同时，政治风险还包括政策风险，即由于国家或地方政府有关房地产投资的政策条件发生变化而带来的投资风险。房地产投资是一项政策性很强的业务，它受多种政策的影响和制约，其政策都会对房地产投资者收益目标的实现产生巨大影响，从而给房地产开发投资者带来投资的风险。

（三）经济风险

经济风险主要是指国家的经济形势环境变化这类不确定性因素的出现对房地产市场产生的影响。

（四）技术风险

技术风险是指随着科学技术的不断进步，技术结构及其相关变量的不断升级，会给房地产开发商可能带来的损失。比如，科技进步可能使得房地产商品的适用性受到影响，从而使开发商不得不追加投资进行房地产的翻修和改造。

（五）社会风险

社会风险指的是由于社会形势的变化对房地产市场的影响，有可能给从事房地产商品生产和经营的投资者带来损失。

(六) 内部决策和管理风险

上述风险因素都是来自外部环境，而内部决策和管理风险指的是由于开发商决策错误、策划失误或经营管理不善导致低于预期的收入水平，包括类型选择风险，地点、人、财、物组织管理风险和投资方式风险等。

(七) 国际风险

国际风险是指国际经济环境的变化产生的对地区性经济活动的影响，它对一个社会经济活动的影响是全局性的。投资者如果有意涉足国际房地产项目，那么就要了解项目所在国的环境，把握好投资政策，并且采用相对稳定的货币和汇率工具，这样才能尽可能地避免潜在损失。

五、地产投资的风险

土地开发是一种风险最大、收益通常也是最高的房地产投资方向。由于土地的市场价格受一系列的风险因素的影响而波动很大，所以土地投资的风险也很大。为了减少在地产投资中的风险，保证投资收益，把握投资的政治及经济时机最为重要。了解和随时掌握城市规划及其变更情况，特别是对土地使用性质改变和变化趋势做出正确的分析和判断，可以在很大程度上降低投资的风险。

六、普通住宅投资的风险

除地产之外，住宅也是房地产市场中较为引人关注的项目之一。一般而言，投资于普通住宅市场，若是房屋能够很快地销售出去，那么这种投资便属于短期投资，资金周转较快，也较容易获利。如果住宅因为某些原因销售不出去，则亏损是必然的。

七、公寓投资的风险

评估对公寓市场的投资成功与否的主要标准，就是看公寓能否租出去，以及租金的高低。影响公寓生意的主要因素有两方面：一是市场需求；二是管理水平。若是市场需要量大，则公寓难度不大；若是管理水平高、条件好，则租金必然较高，收入也会较多。其主要风险是：市场需求量低，公寓租不出去；管理成本高于租金收入。

八、办公、写字楼宇投资的风险

近年来商业市场的繁荣为写字楼市场的发展提供了一个契机。写字楼是与商务活动和政府机关联系在一起的，因此其位置最好是接近于商业或社会活动的中心，这有利于提高其被利用率和租金价格。另外，其管理水平也是很重要的因素。所以，写字楼市场的主要风险是：若不能使其保持较好的地理位置，并保证业务管理水平，会是很危险的。

九、商业楼宇投资的风险

投资商业楼宇一般比投资普通住宅、公寓、写字楼的风险大。商业楼宇市场的风险主要有以下三个方面：投资的收益取决于商店的销售情况；商业竞争带来的不利影响；租方信誉不佳对投资者的影响。

十、工业楼宇投资的风险

工业楼宇通常需要进行一定规模的土地开发，形成一个具有一定规模的工业园区。工业园区的基础设施，如供电、供水、道路等条件的改变或不充分都会构成对工业楼宇市场的风险，从而给投资者带来风险。

十一、风险分析的三个阶段

项目风险分析的三个阶段：风险辨识、风险估计、风险评价。

风险辨识是从系统的观点出发，横观项目所涉及的各个方面，纵观项目建设的发展过程，将引起风险的极其复杂的事物分解成比较简单的、容易被认识的基本单元。在众多的影响中抓住主要因素，并分析它们引起投资效果变化的严重程度。常用方法：专家调查法（如专家个人判断法、头脑风暴法、德尔菲法）、故障树分析法、幕景分析法以及筛选-监测-诊断技术。

开发投资过程中所面临的风险，包括系统风险和非系统风险两类。投资项目的风险分析，主要是针对可判断其变动可能性的风险因素。这些风险因素通过直接影响房地产项目的成本和收入，对房地产项目的经济评价结果产生了影响。

风险估计与评价指应用各种管理科学技术，采用定性与定量相结合的方式，最终定量地估计风险大小，并评价风险的可能影响，以此为依据对风险采取相应的对策。

十二、常用的风险评价方法

（一）调查和专家打分法——适用于项目决策前期

依据资深专家的经验和决策者的意向，结论只是一种大致的程度值，只能作为进一步分析参考的基础。

(二) 解析法

解析法是在利用德尔菲法进行风险辨识与估计的基础上，将风险分析与反映开发项目特征的收入和支出流结合起来，在综合考虑主要风险因素影响的情况下，对随机收入、支出流的概率分布进行估计，并对各个收入、支出流之间的各种关系进行探讨，用项目预期收入、成本及净效益的现值的平均离散程度来度量风险，进而得到表示风险程度的净效益的概率分析。

(三) 蒙特卡洛法

它是一种通过对随机变量的统计试验、随机模拟求解物理、数学、工程技术问题近似解的数学方法。其特点是用数学方法在计算机上模拟实际概率过程，然后加以统计处理。

解析法和蒙特卡洛模拟法，是风险分析主要的两种方法。二者主要区别：①解析方法：对影响现金流的各个现金源进行概率估计；蒙特卡洛法：在已知各个现金流概率分布情况下实现随机抽样。②解析法：变量不大于3；蒙特卡洛法：变量大于3。

项目三　房地产项目综合投资分析

【知识目标】

（1）掌握房地产项目静态、动态财务指标对项目可行性的判断标准。

（2）掌握房地产项目静态、动态投资分析的对比方法。

（3）熟悉不确定性因素对项目投资分析结果的影响分析。

（4）熟悉房地产项目投资分析报告的内容和撰写方法。

【技能目标】

（1）能够进行房地产项目静态、动态财务分析。

（2）能够进行房地产项目的可行性判断。

（3）能够进行房地产项目投资分析报告撰写。

房地产项目综合投资分析是在房地产项目静态投资分析和动态投资分析的基础上，对该项目的综合投资分析结果进行分析，最终确定项目的可行性大小。通过项目静态财务分析指标和项目动态财务指标的分析比对，提出项目的可行性意见和建议。

【任务描述】

目前已经完成了该项目的静态财务分析和动态财务分析，计算出多个静态财务指标如成本利润率、销售利润率和多个动态财务指标如财务净现值、财务内部收益率等。整个项目的投资分析是要得出是否可行的最终结论。因此，本任务的主要内容是通过静态财务指标和动态财务指标的综合分析与比较，得出项目是否可行的结论，并分析该投资分析结果的可信度大小，通过撰写房地产投资分析报告的方式，形成项目系统、完整的可行性分析内容。

【任务分析】

要进行项目的投资综合分析,首先需要将静态财务分析和动态财务分析的关键数据进行准备,比如财务净现值的指标数据是多少、销售净利润率有多高等。在数据准备的基础上,先分别进行静态投资结果分析、动态投资分析结果分析来判断项目的可行性大小,然后进行静态、动态结果比对,分析关键财务指标对项目可行性与否的决定作用,最终确定项目的可行性大小,并通过一些可变因素的分析说明该评判结果的有效性问题。

【任务实施】

一、房地产项目静态、动态投资分析

(一) 房地产项目静态投资结果分析

从成本利润汇总表中可知,本项目总共投入资金 122 691.8 万元,按照项目 294 753.75 米^2 的总建筑面积来进行计算,单位成本为 4 163 元/米^2;经过测算,项目总销售收入为 175 783.06 万元,平均每平方米建筑面积的销售收入为 5 963 元/米^2。单位建筑面积毛利润为 1 800 元。项目的净利润为 27 293.89 万元,成本利润率为 32.5%,销售利润率为 22.7%,销售净利润率为 15.5%。

成本利润率、销售利润率、销售净利润率皆为静态财务指标,是整个静态投资分析最终得到的指标数据。成本利润率与销售利润率相比,由于销售收入一般大于项目的成本,因此,成本利润率在正常情况下是大于销售利润率的;由于净利润小于利润,因此,销售净利润率是小于销售利润率的。这些指标需要与行业平均水平进行对比,此外还需与自身企业要求的利润率水平进行对比才能判断项目可行与否。对于大型房企来讲,对利润的要求比较高,即使静态财务指标达到了行业的平均水平,该项目可能未达到自身企业利润率的要求而判断为不可行;同理,一些小型的房地产开发企业由于刚刚入市,对利润的要求可能比较低,在该项目利润率水平未达到行业平均水平但达到本企业要求的最低利润要求时该项目则是可行的。因此,根据静态财务分析指标结果来判断项目的可行性要综合考虑到企业自身的利润要求及行业的平均利润率水平的高低。

当然,静态投资分析的结果只能作为初步可行性判断的依据,因为静态投资分析没有考虑到资金在运动过程中产生的增值及资金自身价值的变化或者是占用资金所失去的机会成本等多方因素。因此,要进行项目的最终可行性分析,还需考虑项目动态财务分析的结果方能做出最终判断。

(二) 动态投资结果分析

从现金流量表来看，该项目以 2.5% 的季度折现率进行折现，最终得到项目的财务净现值 FNPV 为 15 067 万元，内部收益率 FIRR = 6.4%，静态投资回收期为 6.63 季度，动态投资回收期为 6.95 季度。

根据财务净现值的判别标准，FNPV = 15 067 万元 > 0，则该项目是可行的；

根据内部收益率的判别标准，FIRR = 6.4% > 2.5%，则该项目是可行的。

其中，2.5% 为该项目规定的最低收益率，为基准收益率或称目标收益率，本项目是以季度为单位来进行现金流量表的编制，故 2.5% 为季度折现率。

基准收益率也称基准折现率，是企业、行业或投资者以动态的观点所确定的、可接受的投资项目最低标准的收益水平，是投资决策者对项目资金时间价值的估值。基准收益率是投资资金应当获得的最低盈利率水平，是评价和判断投资方案在经济上是否可行的依据，是一个重要的经济参数。

各行业投资项目的基准收益率各不相同，做可行性研究报告时必须熟悉该行业要求的基准收益率。从国家发改委和建设部发布的《建设项目经济评价方法和参数》[①] 可以查到房地产项目的基准收益率，规定融资前财务内部基准收益率为 12%，资本金税后财务内部收益率为 13%，均为年基准收益率。本项目季度报酬率为 2.5%，则名义年利率（名义年报酬率）为 10%。根据名义利率和实际利率的关系式（见附录"房地产投资分析基础知识"）进行计算：

$$i = \left(1 + \frac{r}{m}\right)^m - 1$$

式中：$r = 10\%$，$m = 4$。

则实际年基准收益率 $i = 10.38\%$。

由于基准收益率的确定可以参考国家行业标准来制订，也可根据企业自身报酬率要求的高低进行调整。从该项目的基准收益率来看，比国家建议的基准收益率偏低。由于企业处于快速发展期，规模的扩张与知名度的推广是首要考虑因素，因此对利润水平的要求可能偏低一些。

6.4% 为季度内部收益率，根据名义利率和实际利率的关系进行测算显示，该项目的年内部收益率为 29.7%，大于项目的基准收益率水平 10.38%，则从该指标来看，项目目是可行的，且利润空间较大。

动态投资回收期为 6.95 个季度，大于静态投资回收期 6.63 个季度，是因为动态投资回收期考虑了资金在运动过程中价值的不断增值，因而回收时间较静态资金而言稍微

---

① 国家发改委和建设部发布的《建设项目经济评价方法和参数》第 3 版，第 202—205 页。

长些。通常来讲，动态投资回收期和静态投资回收期的长短也是与类似项目的回收期长短或国家行业标准来进行比较的。投资回收期越短，则项目越能快速回笼资金，项目的风险性也就越小，可行性就越大。

综合多个动态指标来看，对该项目的判断也是可行的，与静态投资分析的结果一致。

（三）动静态结果对比分析

从静态投资分析结果和动态投资分析结果来看，该项目均是可行的。静态投资分析依据的评价指标为投资利润率、成本利润率、销售利润率等多个静态财务指标来进行项目可行性评判，而动态投资分析则运用财务净现值、财务内部收益率、动态投资回收期等动态财务指标来反映项目的盈利能力大小和风险大小。相比之下，由于动态投资分析综合考虑了项目未来工期过长可能带来的机会成本损失、通货膨胀带来的货币贬值及项目自身应获取的利润等多种因素，因此评价结果更能令人信服。静态财务分析则只是把资金看作静止状态，只考虑到项目的利润高低，未能考虑资金在运动过程中价值的变化，因此静态评价结果在项目工期较短时（如1~2年）具有可信度，在工期过长（如大于3年）的情况下则具有一定的表面性，需要进一步借助动态投资分析的结果来确认项目的可行性大小和风险大小。

一般来讲，项目评价结果有以下三种情况：

（1）静态、动态投资分析结果均可行，则项目可行。

（2）静态投资分析结果可行，但动态投资分析结果不可行，则项目存在一定的风险性，需要谨慎考虑。

（3）静态、动态投资分析结果均不可行，则项目不可行。

从以上投资分析结果来看，在静态投资分析结果和动态投资分析结果得出结论不一致的情况下，要优先考虑动态指标。在项目评价过程中，由于动态的报酬率一般高于静态投资分析要求的利润率，因此，一般不会出现静态不可行而动态可行的情况，换言之，如果动态投资分析结果可行，则静态投资分析结果也显示项目可行。

（四）项目的不确定性因素及风险说明

由于房地产项目的可行性分析处在项目的投资决策与分析阶段，因此整个投资分析过程是在一定假设的前提下进行的预测分析，其结果与未来项目的真正实施存在一定的差距，其可行性评判的结果也存在一定的误差甚至是很大的误差（20%~30%），主要是由以下几个主要影响因素造成的：

1. 土地成本

在进行土地成本预测时是根据土地估价的结果结合土地市场情况及竞争程度综合确

定的。一般来讲，土地成本一般占据总项目成本的 25%~30%，因此土地成本的高低对项目盈利水平的影响较大。土地市场的风云变化加上国家房地产政策的调剂作用导致土地价格存在不断变化的趋势。在土地的招拍挂过程中尤其是在土地拍卖过程当中，由于竞争程度预测存在误差也会导致土地最终成交溢价率较高，导致土地获取失败亦或土地成交价格较高，超出对该土地价格的预算，进而影响该项目的盈利能力甚至由于过高的土地成本带来项目的开发风险。

2. 建筑成本

除了土地成本之外，占据项目开发成本比例最高的当属建筑成本。建筑成本的采购价格受到市场行情的变化影响。近几年物价上涨趋势日益明显，建筑行业也不例外。建筑材料的采购、人工费的上涨都会带来成本的增加。项目的投资估算过程中建筑成本的估算一般参考类似楼盘的建筑成本单价进行预测计算。此种方法类似于市场比较法，前提是有诸多相似的楼盘进行比较。由于不存在完全相同的两个楼盘，因此在估算过程中也存在一定的误差，导致建筑成本过高或过低，影响决策者对项目可行性的判断。

3. 销售价格

房地产项目的销售价格既要考虑到项目开发成本的高低，还必须与市场行情相吻合，随行就市。而房地产市场由于国家调控政策的影响及市场供需的变化，呈现一个多变的状态，房地产市场价格也随之发生不断的变化。项目销售收入估算是基于对未来项目开发完成后一定时期内销售价格的预测分析，但由于市场的多变性使得预测结果可能存在一定的风险性。一旦未来销售价格低于预测价格，则会对项目收入产生影响，进而影响项目的盈利水平。

除此之外，造成房地产项目投资分析误差的原因还有很多，诸如银行贷款利率的变化、规划方案调整、工期变化等多种因素。在进行项目投资分析时，应综合考虑这些因素对项目造成的影响，要进一步进行不确定性因素分析及风险分析。

(五) 投资决策的多方案比选

在进行投资可行性分析时，并不是选取一个方案进行可行性分析就能决定项目是否可取，而是要进行同一个地块的多方案设计比选，并且进行多个可行性方案的可行性分析之后进行对比分析才能得到最终结论；同理，对于同一个方案而言，对于工期的不同安排、销售方案的不同制订也会得到不同的结论。因此，在进行一个项目的可行性研究时，还需进行多方案比较和选择，在同一方案内也要进行多情况分析才能做出最终的判断。

二、房地产投资分析报告撰写目录

房地产项目可行性研究分析报告
第一部分　项目概况分析

一、项目基本情况分析

1. 项目名称介绍

2. 项目宗地位置介绍

3. 项目经济技术指标介绍

二、项目开发企业介绍（内容可选）

1. 开发企业的基本情况介绍

2. 开发企业的组织结构介绍

3. 开发企业的管理团队介绍

4. 开发企业的经营情况介绍

第二部分　项目市场调查分析

一、项目投资环境分析

1. 政策环境分析

2. 经济环境分析

3. 社会文化分析

4. 宗地现状分析

5. 配套设施分析

6. 城市规划分析

7. 市政设施分析

二、项目竞争环境分析

1. 房地产市场分析

2. 板块竞争对手分析

3. 楼盘竞争对手分析

三、项目 SWOT 分析

1. 项目优势分析

2. 项目劣势分析

3. 项目机会分析

4. 项目威胁分析

5. 项目 SWOT 分析表

第三部分　项目规划设计建议与进度安排

一、项目规划设计建议

1. 设计依据

2. 设计指导思想

3. 总平面规划建议

4. 建筑立面建议

5. 户型设计建议

6. 景观设计建议

7. 配套设施建议

二、项目开发进度安排

1. 建设周期安排

2. 施工进度安排

3. 销售周期安排

第四部分　项目费用估算

一、项目开发成本估算

1. 土地费用估算

2. 建筑安装工程费的估算

3. 前期工程费的估算

4. 基础设施建设费用的估算

5. 公共配套设施建设费用的估算

6. 开发相关税费的估算

7. 其他费用的估算

8. 不可预见费用的估算

二、项目开发费用的估算

1. 管理费用的估算

2. 财务费用的估算

3. 销售费用的估算

三、编写投资成本费用估算表

四、开发期经营税费的计算

1. "两税一费"的计算

2. 印花税的计算

3. 其他交易费用计算

4. 土地增值税计算

5. 企业所得税计算

第五部分　项目资金筹措

一、销售收入估算

编写销售收入与经营税金及附加估算表

二、借款额度估算

编写借款还本付息表

第六部分　项目财务评价

一、盈利能力分析

1. 静态盈利能力分析

2. 动态盈利能力分析

二、清偿能力分析

1. 借款利息

2. 借款偿还期

3. 资产负债率

4. 流动比率

5. 速动比率

6. 资产负债表

三、资金平衡分析

1. 资金来源与运用表

2. 投资计划与资金筹措表

第七部分　项目不确定性分析

一、敏感性分析

二、临界点分析

第八部分　项目方案比选

第九部分　项目可行性分析研究结论与建议

三、房地产项目投资分析实训项目与实训任务模板

【实训项目】

每个小组选定所在区域即将出让的一宗土地进行项目的可行性研究,得出是否拿地的结论。房地产开发项目的可行性研究是通过对地块的基础条件研究,通过拟建设方案的制定,并通过项目的投资估算、建设进度计划安排、租售收入测算、项目财务分析及不确定性分析及风险分析等内容来综合判断项目的盈利能力和抗风险能力,最终对项目的可行性大小做出决策的过程。因此,要想做出是否拿地的结论,必须进行项目的可行性分析。而可行性分析又要依据其分析内容和分析流程依次进行。

任务一　房地产投资环境及市场分析

【任务内容】

在了解地块基本信息之后进行项目投资环境及市场分析,即对项目所在地——重庆市沙坪坝区重庆大学城——进行投资环境及市场分析,并撰写项目投资环境及市场分析报告。

【任务模板】

项目投资环境及市场分析报告撰写提纲。

×× 项目投资环境及市场分析

一、地块本体分析

(一) 区位

(二) 交通

(三) 配套

(四) 周边环境

(五) 经济技术指标

二、投资环境分析

(一) 宏观政策分析

（二）经济发展分析

（三）区域概况分析

（四）产业结构分析

（五）固定资产投资分析

（六）人口增长分析

三、市场分析

（一）项目所在城市房地产市场分析

（二）项目所在区域房地产市场分析

（三）项目所在片区房地产市场分析

【操作说明】

房地产投资环境及市场分析可以从结构上分为两个部分：①房地产投资环境要素分析；②房地产市场分析。

一、房地产投资环境要素分析

房地产投资环境要素包含社会环境、经济环境、政治环境、自然环境、基础设施环境、配套环境等众多要素。在进行房地产投资环境要素分析时不可能做到面面俱到，只要抓住其中的关键要素分析即可。同时，分析时要进行层次划分，即从国家、城市、区域、项目所在片区几个层次分析所在层次的关键影响因素。

在国家层面分析时，重点关注国家近期出台的房地产政策和行业发展政策；在城市层面分析时，重点关注房地产、土地政策对房地产市场的影响；其次还需对该城市的社会经济发展状况、产业结构、城市规划等进行分析；在区域层次分析时除了分析本区域内的社会经济发展状况、片区规划外，还要对入驻该区域的房地产开发企业及区域内楼盘分布情况进行统计分析；在项目层次分析时，要对项目所在片区的微观区位、交通条件、配套环境、周边自然环境进行分析。在分析完项目地块所在的片区环境外，还要对地块的经济技术指标如容积率、建筑密度、绿化率等进行综合分析。

其中，在进行社会经济环境分析时，可以用一些常用的指标来分析：

（1）居民消费价格指数（consumer price index，CPI）。是一个反映居民家庭一般所购买的消费价格水平变动情况的宏观经济指标。它是度量一组代表性消费商品及服务项目的价格水平随时间而变动的相对数，是用来反映居民家庭购买消费商品及服务的价格水平的变动情况。

（2）国内生产总值（gross domestic product，GDP）。是指一个国家或地区在一定时期内国民经济各部门增加值的总额。该指标是宏观经济中最受关注的经济统计数字,因为它被认为是衡量国民经济发展情况最重要的一个指标。

(3) 恩格尔系数(Engel's coefficient)。是食品支出总额占个人消费支出总额的比重。其主要内容是指一个家庭或个人收入越少,用于购买生存性的食物的支出在家庭或个人收入中所占的比重就越大。对一个国家而言,国家越穷,每个国民的平均支出中用来购买食物的费用所占比例就越大。恩格尔系数则由食物支出金额在总支出金额中所占的比重来最后决定。恩格尔系数达60%及以上为贫困,50%~59%为温饱,40%~49%为小康,30%~39%为富裕,低于30%为最富裕。

(4) 产业结构。也称国民经济的部门结构。国民经济各产业部门之间以及各产业部门内部的构成。社会生产的产业结构或部门结构是在一般分工和特殊分工的基础上产生和发展起来的。研究产业结构,主要是研究生产资料和生活资料两大部类之间的关系;从部门来看,主要是研究农业、轻工业、重工业、建筑业、商业服务业等部门之间的关系,以及各产业部门的内部关系。

二、房地产市场分析

在进行房地产市场分析时同样也要分层次分析:城市房地产市场分析、区域房地产市场分析、片区房地产市场分析。房地产市场分析除了分层次分析之外,需要分析房地产市场的四个方面:①房地产市场供给分析;②房地产市场需求分析;③房地产市场供求关系分析;④房地产市场竞争分析。

反映和描述房地产市场状况的指标,包括供给指标、需求指标和市场交易指标三种类型。可以通过这些指标来进行房地产市场分析。

(一) 供给指标

(1) 存量。指报告期期末(如第t年或半年、季度、月,下同)已占用和空置的物业空间总量,单位为建筑面积或套数;在数值上,报告期存量=上期存量+报告期新竣工量-报告期灭失量;可按物业类型分别统计。

(2) 新竣工量。指报告期内新竣工房屋的数量,单位为建筑面积或套数,可按物业类型分别统计。我国竣工量统计指标是竣工面积,指报告期内房屋建筑按照设计要求已全部完工,达到入住和使用条件,经验收鉴定合格(或达到竣工验收标准),可正式移交使用的各栋房屋建筑面积的总和。

(3) 灭失量。指房屋存量在报告期内由于各种原因(毁损、拆迁等)灭失掉的部分。

(4) 空置量。指报告期末房屋存量中没有被占用的部分,可按物业类型分别统计。

我国目前空置量的统计是不完整的，是指"报告期末已竣工的可供销售或出租的商品房屋建筑面积中，尚未销售或出租的商品房屋建筑面积，包括以前年度竣工和本期竣工的房屋面积，但不包括报告期已竣工的拆迁还建、统建代建、公共配套建筑、房地产公司自用及周转房等不可销售或出租的房屋面积"。

（5）空置率。指报告期末空置房屋占同期房屋存量的比例。在实际应用中，可以根据房屋的类型特征和空置特征分别进行统计，包括不同类型房屋空置率、新竣工房屋空置率、出租房屋空置率、自用房屋空置率等。

（6）可供租售量。指报告期可供销售或出租房屋的数量，单位为建筑面积或套数。可供租售量＝上期可供租售数量－上期吸纳量＋本期新竣工量；实际统计过程中，可按销售或出租、存量房屋和新建房屋、不同物业类型等分别统计。因为并非所有的空置房屋都在等待出售或出租，所以某时点的空置量通常大于该时点可供租售数量。

（7）房屋施工面积。是指报告期内施工的全部房屋建筑面积。包括本期新开工的面积和上年开工跨入本期继续施工的房屋面积，以及上期已停建在本期恢复施工的房屋面积。本期竣工和本期施工后又停建缓建的房屋面积仍包括在施工面积中，多层建筑应填各层建筑面积之和。

（8）房屋新开工面积。是指在报告期内新开工建设的房屋面积。不包括上期跨入报告期继续施工的房屋面积和上期停缓建而在本期恢复施工的房屋面积。房屋的开工应以房屋正式开始破土刨槽（地基处理或打永久桩）的日期为准。

（9）平均建设周期。指某种类型的房地产开发项目从开工到竣工交付使用所占用的时间长度。在数值上，平均建设周期＝房屋施工面积/新竣工面积。

（10）竣工房屋价值。指在报告期内竣工房屋本身的建造价值。

（二）需求指标

（1）国内生产总值。是按市场价格计算的一个国家（或地区）所有常住单位在一定时期内生产活动的最终成果。国内生产总值有三种表现形态，即价值形态、收入形态和产品形态。三种方法分别从不同的方面反映国内生产总值及其构成。

（2）人口数。是指一定时点、一定地区范围内有生命的个人总和，包括常住人口和现有人口。

（3）城市家庭人口。指居住在一起，经济上合在一起共同生活的家庭成员。凡计算为家庭人口的成员其全部收支都包括在本家庭中。

（4）就业人员数量。指从事一定社会劳动并取得劳动报酬或经营收入的人员数量。

（5）就业分布。指按产业或职业分类的就业人员分布状况。

（6）城镇登记失业率。指城镇登记失业人员与城镇单位就业人员（扣除使用的农村劳动力、聘用的离退休人员、港澳台及外方人员）、城镇单位中的不在岗职工、城镇私营业主、个体户主、城镇私营企业和个体就业人员、城镇登记失业人员之和的比。

（7）城市家庭可支配收入。指家庭成员得到可用于最终消费支出和其他非义务性支出以及储蓄的总和，即居民家庭可以用来自由支配的收入。它是家庭总收入扣除交纳的所得税、个人交纳的社会保障费以及记账补贴后的收入。

（8）城市家庭总支出。指除借贷支出以外的全部家庭支出，包括消费性支出、购房建房支出、转移性支出、财产性支出、社会保障支出。

（9）房屋空间使用数量。指按使用者类型划分的正在使用中的房屋数量。

（10）商品零售价格指数。是反映一定时期内城乡商品零售价格变动趋势和程度的相对数。

（11）城市居民消费价格指数。是反映一定时期内城市居民家庭所购买的生活消费品价格和服务项目价格变动趋势和程度的相对数。

（三）市场交易指标

（1）销售量。指报告期内销售房屋的数量，单位为建筑面积或套数。在统计过程中，可按物业类型、存量房屋和新建房屋分别统计。我国房地产开发统计中采用的是实际销售面积，指报告期已竣工的房屋面积中已正式交付给购房者或已签订（正式）销售合同的商品房屋面积。不包括已签订预售合同正在建设的商品房屋面积，但包括报告期或报告期以前签订了预售合同，在报告期又竣工的商品房屋面积。

（2）出租量。指报告期内出租房屋的数量，单位为建筑面积或套数。

（3）吸纳量。指报告期内销售和出租房屋的数量之和，单位为建筑面积或套数。实际统计过程中，可按销售或出租、存量房屋和新建房屋、不同物业类型等分别统计。

（4）吸纳率。指报告期内吸纳量占同期可供租售量的比例，以百分数表示，有季度吸纳率、年吸纳率等。

（5）吸纳周期。指按报告期内的吸纳速度（单位时间内的吸纳量）计算，同期可供租售量可以全部被市场吸纳所需要花费的时间，单位为年、季度或月，在数值上等于吸纳率的倒数。

（6）预售面积。指报告期末仍未竣工交付使用，但已签订预售合同的正在建设的商品房屋面积。

（7）房地产价格指数。是反映一定时期内房地产价格变动趋势和程度的相对数，包括房屋销售价格指数、房屋租赁价格指数和土地交易价格指数。理想的价格指数，应该是基于同质物业的价格指数。我国目前的各类房地产价格指数，通常基于平均价格。

（8）房地产价格。指报告期房地产市场中的价格水平，通常用不同类型房屋的中位数价格表示。我国现有房地产价格统计,是基于各类物业平均价格的统计。

(9) 房地产租金。指报告期房地产市场中的租金水平,通常用不同类型房屋的中位数租金表示。我国现有房地产租金统计,是基于各类物业平均租金的统计。

任务二　产品规划设计

【任务内容】

根据地块规划指标的要求和投资环境及市场分析结论完成该地块产品规划设计,确定产品设计各项技术经济指标,完成产品规划技术经济指标表的填写,并确定产品建筑风格、产品户型设计、项目平面图设计、项目交通道路设计等内容。

【任务模板】

表 3-1 为产品规划技术经济指标表。表 3-2 为项目产品组合及面积配比。

表 3-1　　　　　　　　　　产品规划技术经济指标表

项目	计量单位	数值	项目	计量单位	数值
总建设用地面积	米²		建筑密度	%	
居住总户数	户		容积率	—	
总居住人数	人		绿地率	%	
总建筑面积	米²		停车位	个	
地上建筑面积	米²		地下建筑面积	米²	

表 3-2　　　　　　　　　　项目产品组合及面积配比

产品组合	建筑面积	面积比例	可售率	可售面积	平均每户分摊面积
高层					
洋房					
商业					
其他					
地上合计					

续表 3-2

产品组合		建筑面积	面积比例	可售率	可售面积	平均每户分摊面积
地下建筑	车库及设备用房					
地下合计						
合计						

【操作说明】

产品规划设计表的填写是在对产品方案熟悉的基础上进行的。产品方案设计的各项经济技术指标来源于土地出让时政府对该地块相关指标的规定。

1. 产品规划技术指标表的填写内容

（1）总建设用地面积、建筑密度、容积率、绿地率四个指标在土地出让时都有相关的规定。在产品方案设计时，总建设用地面积一般为土地出让面积，容积率和建筑密度不能超过出让条件中规定的指标值，而绿地率则不能低于出让条件的指标规定值。

（2）居住总户数则要根据该地块的产品设计方案进行数量统计。可以先对产品进行分类，如建有高层和洋房两种物业类型，则先分开统计。可以根据每层的居住户数与楼层的乘积基本可以测算一栋楼的户数，再根据楼栋的数量综合统计该类型物业的户数。最后把所有物业类型的居住户数相加即可。总居住人数则可以根据本地平均户人口数量与总户数的乘积加以计算。

（3）地下车库面积和停车位则根据居住总户数、总居住人数指标来进行规模和数量确定。

2. 项目产品组合及面积配比表格的填写内容

（1）本表格将项目建筑面积分为两个部分：地上建筑面积和地下建筑面积。

（2）地上建筑面积根据地上建筑物类型进一步划分种类进行填写，如高层、洋房、商业、配套等。

（3）地下建筑面积一般为地下车库面积。

（4）地上建筑面积与地下建筑面积之和为总建筑面积。

（5）面积比例则为不同物业类型的建筑面积与总建筑面积之比，面积比例合计为100%。

任务三　地块价值测算

【任务内容】

在掌握地块基本信息的基础上，运用市场比较法进行项目地块的价格评估，即在同一区域内选取至少三个可比实例地块进行对比分析，进行地块交易情况、市场状况、土地状况修正，测算比准价格。

【任务模板】

××地块价值测算

一、地块分析

表 3-3 为地块基本情况分析表。

表 3-3　　　　　　　　　　地块基本情况分析表

地块编号		土地用途	
		出让年限	
		容积率	
		建筑密度	
绿地率		土地总面积	
开发程度		地形	
土地所在位置			
地块周边交通情况			

续表 3-2

商服配套情况	
土地 SWOT 分析	

二、市场比较法测算地价

1. 交易情况修正系数的求取

可比实例 A：

可比实例 B：

可比实例 C：

2. 成交日期修正系数的求取

可比实例 A：

可比实例 B：

可比实例 C：

3. 土地状况修正系数的求取

可比实例 A：

可比实例 B：

可比实例 C：

4. 可比实例比准价格的求取

可比实例 A：

可比实例 B：

可比实例 C：

5. 最终比准价格的求取

    地块楼面地价 = _____

6. 地块价值测算

    地块总价 = 楼面地价 × 地上建筑面积 = _____

表 3-4 为可比实例基本情况表。表 3-5 为可比实例情况描述表。表 3-6 为比较因素指数表。表 3-7 为比较因素修正表。

表 3-4　　　　　　　　　　　　　　　　可比实例基本情况表

地块名称	土地面积	容积率	成交价/起始价	成交时间	楼面地价	销售均价

表 3-5　　　　　　　　　　　　　　　　可比实例情况描述表

项目		估价对象	可比实例 A	可比实例 B	可比实例 C
地块名称					
1. 交易情况					
2. 成交日期					
3. 土地状况修正	交易方式				
	开发程度				
	地块形状				
	地形				
	商服配套				
	交通				
4. 楼面地价					

表 3-6　　　　　　　　　　　　　　　　比较因素指数表

项目	估价对象	可比实例 A	可比实例 B	可比实例 C
地块名称				
楼面地价	X = ?			
交易情况	100			
成交日期				

续表 3-6

项目		估价对象	可比实例 A	可比实例 B	可比实例 C
土地状况修正	交易方式	100			
	开发程度	100			
	地块形状	100			
	地形	100			
	商服配套	100			
	交通	100			

表 3-7　　　　　　　　　　　比较因素修正表

项目		估价对象	可比实例 A	可比实例 B	可比实例 C
地块名称					
楼面地价					
交易情况修正系数					
成交日期修正系数					
土地状况修正	交易方式	100			
	开发程度	100			
	地块形状	100			
	地形	100			
	商服配套	100			
	交通	100			
	小计	100			
	修正系数				
单个可比实例比准价格					
最终比准价格					

【操作说明】

一、地块基本情况分析表（表3-3）填写说明

（1）地块编号、土地位置、土地用途、出让年限、容积率、建筑密度、绿地率、土地面积、土地开发程度等指标在土地出让公告中可以获得数据。

（2）地块的地形、周边交通、商服配套等情况需要通过实地调研进行了解。周边交通情况包括地块周边的公交路线，距离汽车站、地铁站、火车站的距离，交通主干线分布等情况；周边商服配套包括商场、娱乐休闲设施、生活设施、金融服务等内容。

（3）地块的SWOT分析是指对地块开发面临的优势、劣势、机会和威胁进行综合分析，由此初步判定土地的价值大小。

二、市场比较法测算地价操作说明

1. 市场法的定义

市场法是选取一定数量发生过交易且符合一定条件的与估价对象相似的房地产，然后将它们与估价对象进行比较，对它们的成交价格进行适当处理来求取估价对象价值的方法。

2. 市场法的理论依据

替代原理。

3. 市场法估价的操作步骤

（1）收集交易实例；

（2）选取可比实例；

（3）对可比实例成交价格做适当的调整；

（4）求取比准价格。

4. 选取可比实例的要求

（1）数量要求：3~10个；

（2）质量要求：可比实例房地产应是估价对象房地产的类似房地产，符合下列7个条件。

①可比实例所处的地区与估价对象所处的地区相同，或是同一供求圈内的类似地区；

②可比实例的用途应与估价对象的用途相同，这里的用途相同主要指大类用途相同，如果能做到小类用途也相同则更好；

③可比实例的建筑结构应与估价对象的建筑结构相同，这里的建筑结构相同主要指大类建筑结构相同，如果能做到小类建筑结构也相同则更好，大类建筑结构一般分为钢结构、钢筋混凝土结构、砖混结构、砖木结构、简易结构；

④可比实例的权利性质应与估价对象的权利性质相同；

⑤可比实例的交易类型应与估价对象的估价目的吻合；

⑥可比实例的成交日期应与估价对象的估价时点接近；

⑦可比实例的成交价格应是正常价格或可修正为正常价格。

5. 价格调整

（1）交易情况修正

$$可比实例正常价格 = 可比实例成交价格 \times \frac{1}{1 \pm S\%}$$

通过上式可知，交易情况修正系数是 $\frac{1}{1 \pm S\%}$，而不是 $\pm S\%$，也不是 $(1 \pm S\%)$，因为交易情况修正系数应以正常价格为基准来确定。

（2）市场状况调整

$$可比实例在估价时点的价格 = 可比实例在成交日期的价格 \times (1 \pm T\%)$$

市场状况调整系数为 $(1 \pm T\%)$。

（3）房地产状况调整

$$可比实例在估价对象状况下的价格 = 可比实例在自身状况下的价格 \times \frac{1}{1 \pm R\%}$$

房地产状况调整系数是 $\frac{1}{1 \pm R\%}$，而不是 $\pm R\%$，也不是 $(1 \pm R\%)$。因为，房地产状况调整系数应以估价对象状况为基准来确定。

6. 求取比准价值

比准价值 = 可比实例成交价格 × 交易情况修正系数 × 市场状况调整系数 × 房地产状况调整系数

三、市场比较法表格填写

表 3-4 可比实例基本情况表：可比实例为近期成交的同一区域、同一用途的类似地块，可以从国土资源局网站、土地和矿业权交易中心等相关网站进行可比实例地块面积大小、容积率、起始价、成交时间、楼面地价等信息的查找。

表 3-5 可比实例情况描述表：在进行可比实例信息查找之后，将相关信息填入此表。交易情况为正常或不正常，不正常情况有多种，如税费非正常负担情况；交易方式

为招标、拍卖或者拍卖等种类；开发程度为三通一平、五通一平、七通一平等情况；地块形状为规则或不规则，规则的形状如正方形、长方形、梯形等，不规则形状则要具体阐述；地形为平坦或不平坦；商服配套、交通情况等可以从表3-3中获得。

表3-6 比较因素指数表：此表中以估价对象的比较因素为基数100，根据表3-5可比实例情况描述表中的描述进行三个可比实例土地状况比较因素打分。分数高于100分代表可比实例的比较因素优于估价对象，分数低于100分代表可比实例的比较因素劣于估价对象。

表3-7 比较因素修正表：此表中根据交易情况系数、日期修正系数、房地产状况系数公式进行测算。其中，土地状况修正部分需要先进行可比实例打分小计后方能进行土地状况修正系数的测算。分数合计时可以将每个可比实例六项打分相加之后减去六个比较因素的基数分值之和600作为调整分值，最后将基数100与此调整分值相加作为可比实例的综合得分。

例如，可比实例A土地状况修正时交易方式、开发程度、地块形状、地形、商服配套、交通打分分别为100、102、103、96、99、101，则

可比实例A得分＝100+（100+102+103+96+99+101-100×6）＝101

任务四 项目进度计划安排

【任务内容】

进行项目开发进度计划安排，即确定项目的前期阶段、建设阶段、销售阶段的工作时间起点和终点、进行项目的建设期数和销售期数的安排、进行各期项目建设面积、销售面积的确定等内容。

【任务模板】

一、项目工作节点

表3-8为项目工作节点。

表 3-8　　　　　　　　　　　　　　　　　项目工作节点

	工作内容	工作起点	工作终点	工作时间长度
一、前期阶段	土地获取			
	土地五通一平			
	可行性研究及项目定位			
	项目规划设计			
	水文地质勘测			
	工程项目招投标			
二、项目建设	一期工程			
	高层			
	洋房			
	商业			
	车库及设备用房			
	其他			
	二期工程			
	高层			
	洋房			
	商业			
	车库及设备用房			
	其他			
三、项目销售	一期工程			
	高层			
	洋房			
	商业			
	车库及设备用房			
	其他			
	二期工程			
	高层			
	洋房			
	商业			
	车库及设备用房			
	其他			

二、项目进度计划安排甘特图

表 3-9 为项目进度计划安排甘特图。

表 3-9　　　　　　　　　　项目进度计划安排甘特图

项目		2014 年				2015 年				……
		第1季度	第2季度	第3季度	第4季度	第1季度	第2季度	第3季度	第4季度	
一 前期阶段										
二 项目建设	一期工程									
	高层									
	洋房									
	商业									
	车库及设备用房									
	二期工程									
	高层									
	洋房									
三 项目销售	一期工程									
	高层									
	洋房									
	商业									
	车库及设备用房									
	二期工程									
	高层									
	洋房									

【操作说明】

1. 前期阶段

项目前期阶段所做的工作包括土地获取、土地三通一平、水文地质勘测、项目定位及可行性研究、产品方案设计、工程招投标等多项工作。这些工作有些可以同时进行,有的工作则存在先后顺序关系。

土地获取是前期阶段的第一项工作。在土地获取之后，一般先进行水文地质勘测，目的在于了解土地的承载力大小和建设条件。土地的三通一平工作和项目定位及可行性研究工作可以同时进行；在项目可行性研究完成之后才能进行产品的方案设计。工程的招投标在工程建设之前必须完成，一般为前期阶段的最后一项工作。因此，在进行各项工作时间安排时需要注意时间上的先后关系和并行关系。

2. 项目建设阶段

项目的建设一般分期进行。分期的目的一方面在于项目开发资金有限，另一方面在于分散项目投资风险，在前期试探完市场反应之后，适时进行产品调整。项目的分期建设内容需要结合产品推广策略、营销策略来决定产品建设内容的先后顺序。在房地产市场发展良好，一期产品市场反应较好的情况下，可以及时进行二期工程的开工建设，反之则要进行房地产市场的深入调研来了解市场中真实的客户需求进行产品的调整。

3. 项目销售阶段

项目的销售要与项目的开发建设相一致。现在开发商普遍采取产品预售的方式进行资金的及时回笼。《中华人民共和国城市房地产管理法》第四十五条规定，商品房预售，应当符合下列条件：

（一）已交付全部土地使用权出让金，取得土地使用权证书；

（二）持有建设工程规划许可证；

（三）按提供预售的商品房计算，投入开发建设的资金达到工程建设总投资的百分之二十五以上，并已经确定施工进度和竣工交付日期；

（四）向县级以上人民政府房产管理部门办理预售登记，取得商品房预售许可证明。

商品房预售人应当按照国家有关规定将预售合同报县级以上人民政府房产管理部门和土地管理部门登记备案。

商品房预售所得款项，必须用于有关的工程建设。

由此可知，在前期预售手续办理完毕之后，即使工程未竣工，只要工程建设或资金投入在四分之一以上，就可以进行产品预售。因此，预售时间要与项目建设时间衔接好。另外，项目建设的内容并不一定全部能够进行销售和出租，要注意销售面积和建设面积的差别所在。

任务五　项目投资估算

【任务内容】

完成项目的成本费用估算，填写项目投资估算表。在进行项目投资估算时，相关单方造价请参考类似楼盘成本费用单价进行测算；相关工程量可以查看产品规划指标表中的数据。

【任务模板】

一、土地及前期费用估算表

表3-10为土地及前期费用估算表。

表3-10　　　　　　　　　　土地及前期费用估算表

序号	项目名称	金额/万元	单方造价（按总建筑面积）/（元·米$^{-2}$）	建筑面积/米^2
一	土地取得成本			
1	其中：土地（招拍挂）成本			
2	契税			
3	配套费契税			
4	土地交易费			
	合计			
二	前期工程费			
1	可行性研究及定位费用			
2	规划设计费			
3	勘测费			
4	三通一平			
5	规费			
(1)	城市建设配套费			

续表 3-10

序号	项目名称	金额/万元	单方造价（按总建筑面积）/（元·米$^{-2}$）	建筑面积/米^2
（2）	人防异地建设费			
（3）	其他费用			
6	监理费			
	合计			

二、建筑安装工程费测算表

表 3-11 为建筑安装工程费。

表 3-11　　建筑安装工程费

序号	项目名称	金额/万元	单方造价/（元·米$^{-2}$）	工程量/米^2
三	建筑安装工程费			
1	洋房			
2	地下车库及设备用房			
	合计			

三、基础建设费和公共配套设施建设费估算表

表 3-12 为基础设施建设费和公共配套设施建设费估算。

表 3-12　　基础设施建设费和公共配套设施建设费估算

序号	项目名称	金额/万元	单方造价/（元·米$^{-2}$）	工程量/米^2
四	基础设施建设费			
1	供电工程			
2	供水工程			
3	供气工程			
4	排污工程			
5	通信、通讯工程			
6	小区道路工程			
7	绿化建设费			

续表 3-12

序号	项目名称	金额/万元	单方造价/（元·米$^{-2}$）	工程量/米^2
8	室外照明			
9	环卫设施			
	合计			
五	公共配套设施建设费			

四、开发间接费及成本费用总额测算表

表 3-13 为开发间接费估算及成本费用总额。

表 3-13 　　　　　开发间接费估算及成本费用总额

序号	项目名称	合价/万元	单方造价/（元·米$^{-2}$）	工程量/米^2
六	开发间接费			
1	管理费用			
2	财务费用			
3	销售费用			
4	不可预见费			
5	开发期间税费			
	合计			
七	成本费用总额			

【操作说明】

1. 土地取得成本

在进行土地取得成本测算时，重点确定土地的楼面地价水平高低。土地的楼面地价可以采取市场比较法来进行价格测算，根据楼面地价公式再进行土地招拍挂成本测算。契税、土地交易费都是基于土地招拍挂成本的一定比例进行测算，一般是 3%和 0.05%左右；配套费契税则根据城市建设配套费的 3%提取。

2. 前期工程费

前期工程费为项目在前期准备阶段所做工作发生的费用，包括土地三通一平费用、水文地质勘测费用、项目定位及可行性研究费用、产品方案设计费用及政府规费等。项目定位及可行性研究费用一般参考房地产咨询公司收费标准或类似项目花费标准，也可

根据总投资的一定比例提取；水文地质勘测费用、监理费用则参考勘测公司、监理公司收费标准；产品规划设计一般根据建筑安装工程费的一定比例提取，同时可以参考规划设计院收费标准进行测算。政府规费则按照当地相关政府收费标准执行。

3. 建筑安装工程费

建筑安装工程费用是项目成本费用中占比较大的一项成本。该项成本的测算需要依据产品建设内容及建设规模进行估算。无论是高层、洋房还是别墅，均可以参考类似楼盘的建筑安装工程费单价乘以相应建设工程量进行计算。一般采用单位指标估算法或类似工程经验进行估算。

4. 基础设施建设费

基础设施建设费包含了项目供电工程、供水工程、供气工程、排污工程、道路工程、绿化工程、照明工程等项目所花费的费用，一般根据单位指标估算法进行测算。各项工程花费的单位造价参考类似工程进行确定。

5. 公共配套设施建设费

公共配套设施费的计算方法与建筑安装工程费的计算方法相同。首先列出项目的公共配套内容，参考类似公共配套建设费用单价，最后根据各项公共配套建筑面积大小测算总造价即可。

6. 开发间接费

开发间接费一般根据开发直接费的一定比例提取。管理费用、开发期间税费一般根据前期工程费、建筑安装工程费、公共配套设施建设费、基础设施建设费的3%提取；不可预见费则根据前期工程费、建筑安装工程费、公共配套设施建设费、基础设施建设费的2%提取；销售费用根据销售收入的2.5%进行测算；财务费用按利息的1.1倍进行估算，利息的计算则要根据该项目具体的融资方案和还款计划进行测算。

7. 成本费用估算总额

成本费用估算总额为土地取得成本、前期工程费、建筑安装工程费、公共配套设施建设费、基础设施建设费用、开发间接费的总和。

任务六　销售价目表的制作

【任务内容】

选取至少三个类似可比楼盘，运用市场比较法进行项目的均价确定。在销售均价确定之后，进行项目楼盘栋差、水平差、垂直差的确定，最终制定出项目楼盘每一栋、每一层、每一户的销售价格表即销售价目表。

【任务模板】

表 3-14　　　　　　　　　　　　　　比较楼盘分值表

比较因素	分值	本项目	比较楼盘 1	比较楼盘 2	比较楼盘 3
交通条件					
商服配套					
教育配套					
医疗配套					
周边环境					
户型结构					
园林景观					
物业管理					
项目规模					
发展商品牌					
⋮					
合计					

表 3-15　　　　　　　　　　　　　　比较楼盘权重及单价表

项目＼楼盘	本项目 x	比较楼盘 1（A）	比较楼盘 2（B）	比较楼盘 3（C）
参考权重 W_i	—			
套内均价 $P_i/$（元·米$^{-2}$）	P_x			
得分 Q_i				
比准价值	—			
均价/（元·米$^{-2}$）	—	—	—	—
取值	—	—	—	—

表 3-16　　　　　　　　　　高层（洋房）1-×号楼栋情况描述表

楼号	景观	噪声	污染	出行方便程度	⋮
1					
2					
⋮					

表 3-17　　　　　　　　　　　高层（洋房）1-×号楼均价

楼号	景观 (25%)	噪声 (25%)	污染 (25%)	出行方便程度 (25%)	⋮	得分	系数	单价
1								
2								
⋮								

表 3-18　　　　　　　　　　　　×号楼水平差异描述表

户型号	朝向 (20%)	采光 (15%)	景观 (20%)	户型 (20%)	噪声 (15%)	面积 (10%)
20%	15%	20%	20%	15%	10%	
1						
2						
⋮						

表 3-19　　　　　　　　　×号楼水平差打分及同楼层各户型单价表

户型号	朝向 (20%)	采光 (15%)	景观 (20%)	户型 (20%)	噪声 (15%)	面积 (10%)			
20%	15%	20%	20%	15%	10%	得分	系数	单价	
1									
2									
⋮									

表 3-20   ××楼盘×号楼价格表

房号	1	2	3	4	5	6	…
户型	三室	两室	两室	三室	一室	一室	
套内建筑面积/米²							
⋮							
2							
1							

【操作说明】

一、用市场比较法测算项目预售均价

（1）选择附近的 3~5 个项目作为比较楼盘。在选择比较楼盘的时候，要从项目的档次、产品类型等方面考虑可比性。产品类型有别墅、洋房、高层、公寓等，在选择比较楼盘的时候要选择有对应类型的楼盘，因此可比楼盘的成交均价也应该引用相应类型的价格。

（2）选择影响楼盘销售价格的比较因素，并根据各因素对预售房价格的影响程度设置各因素的分值填入表 3-14。比较因素和各因素的影响程度可以通过对消费者的调查了解得到。

（3）根据各楼盘的情况对各因素进行评分，汇总得出各楼盘的分值填入表 3-14。对各楼盘各因素的评分有一定的主观性，为了尽量的科学合理，可以参考专家打分法的思路，请若干对本区域项目非常熟悉的专业人士分别打分，再取平均值或者众数。

（4）根据各比较楼盘与本项目的可比性设置各比较楼盘的参考权重 W_i 填入表 3-15。

（5）根据权重和比较楼盘的均价计算本项目均价

$$P_x = \sum P_i W_i = \sum (Q_x/Q_i) \times P_A' \times W_i$$

二、确定栋差

（1）分析地块情况，选择噪声、景观、出行方便程度等作为影响各栋楼价格影响因素，并将每栋楼的情况描述填入表 3-16。这一步主要分析每栋楼因为在整个地块中的位置不同而引起的整体价格的差异，因此选择的影响价格的因素应该是针对整栋楼而不是某部分户型。

(2) 根据表3-16的描述,对各栋楼评分,填入表3-17。

(3) 分析各因素的影响程度给出各因素的权重,用加权平均法计算各栋楼的得分填入表3-17。

(4) 计算各栋楼的系数。首先取得分的中位数,系数设为1,其他系数计算方法为该栋楼的得分除以系数为1的得分。

(5) 计算各栋楼的均价。将第一步中计算出的楼盘的均价作为系数为1楼栋的均价,其他楼栋的均价用该均价乘以相应系数。

三、确定水平差

(1) 在不考虑楼层因素的情况下,分析各户型在朝向、采光、景观、户型、噪声、面积等方面的差异,进行详细描述,填入表3-18。描述应详尽具体,抓住得分点和扣分点,表述要一致。

(2) 根据表3-18的描述在表3-19中打分。打分要首先制定一定的规则,如朝向按照东南、南、东、西南、东北、西、西北、北的顺序依次降低1分。并且要注意各因素之间对某一得分点和扣分点不要重复计分,如对户型的打分,假设有某一户型有暗房,如果暗房扣分计入"采光"因素则不应该再计入"户型"因素。

(3) 分析各因素的权重,用加权平均法计算各户型的得分。

(4) 计算各户型的系数,方法与计算各栋楼的系数方法相同。

(5) 计算各户型的均价,与各栋楼的均价计算方法相同。

四、制定垂直差

在不考虑户型因素的情况下,分析各楼层的优劣,确定垂直差的变化规律及变化幅度填入表3-20。

任务七 销售收入测算

【任务内容】

根据销售价目表完成项目销售收入测算,即根据每户销售价格单价与销售面积乘积的累加进行估算。在测算时,将项目每一栋楼的销售收入和项目总销售收入都分别进行测算。在测算完成后,进行项目销售税费的测算。

【任务模板】

表 3-21　　　　　　　　　　　销售收入估算表

主要产品销售收入估算			其他销售收入估算			
楼栋号	销售面积/米²	销售单价/(元·米⁻²)	销售收入/元	项目	销售个数/米²	销售单价/(元·个⁻¹)	销售收入/元
1号楼				车库			
2号楼				商业			
3号楼				合计			
4号楼				其他收入估算			
5号楼				项目	年收入/元	收入年限/年	出租自营收入/元
6号楼							
⋮							
合计				合计			
收入总合计							

【操作说明】

(1) 主要产品销售收入是指楼盘中的高层、洋房、别墅等产品的收入,根据表 3-20 的各栋楼的价格表汇总得出。

(2) 其他销售收入主要指车库、商铺等产品收入。车库和商铺的价格也可以参照高层价格估算方法进行估算。

(3) 其他收入指楼盘的配套如游泳池等项目的收入。这类项目一般用于出租或者经营,收入要考虑合理的年限。

任务八　项目静态财务分析

【任务内容】

完成项目的利润、净利润测算,并计算出项目的销售利润率、销售净利润率、成本利润率等静态财务指标。

【任务模板】

表 3-22　　　　　　　　　　　项目成本利润汇总表

序号	项目	金额/万元	填写说明
一	项目总开发成本		
二	项目总收入/万元		
三	销售税费		
1	两税一费		按照销售收入的5.5%计算
2	印花税、交易手续费等		按销售收入的2%提取
	销售税费合计/万元		
四	利润		总收入-销售税费-总开发成本
五	土地增值税		按土地增值税计算方法计算
六	企业所得税		按（利润-土地增值税）的25%计算
七	净利润		利润-土地增值税-企业所得税
八	静态财务指标		
1	成本利润率		利润/项目总开发成本
2	销售利润率		利润/总销售收入
3	销售净利润率		净利润/总销售收入

【操作说明】

（1）项目成本利润汇总表是将列出项目总开发成本、总收入，并计算税费，进而计算利润及利润率等静态财务分析指标。

（2）项目总开发成本为表3-13计算出的成本费用总额。

（3）项目总收入为表3-21计算出的销售总收入。

（4）两税一费、印花税和交易手续费按照销售总收入的一定比例估算。

（5）利润=总收入-销售税费-总开发成本。

（6）土地增值税为收入额减去国家规定的各项扣除项目金额后的余额计算征税。这里可以根据土地增值税的计算要求，通过本项目的总收入以及各项扣除项目，按照四级超率累进税率进行计算，也可以根据销售收入的2%进行简单估算。

（7）企业所得税=（总收入-总开发成本-销售税费-土地增值税）×25%。

(8) 净利润为销售额扣除营业税费、企业所得税、土地增值税。

(9) 成本利润率=利润/总开发成本。

(10) 投资利润率=利润/（总开发成本-财务费用）。

(11) 销售利润率=利润/总销售收入。

(12) 销售净利润率=（利润-土地增值税-企业所得税）/总销售收入。

任务九　项目动态财务分析

【任务内容】

完成项目的动态财务分析，即通过编制现金流量表进行项目净现金流的测算，计算财务净现值、财务内部收益率、动态投资回收期等动态财务指标。

【任务模板】

表3-23　　　　　　　　　　全部投资现金流量表

项目	2014年4季度	2015年1季度	2015年2季度	2015年3季度	2015年4季度	2016年1季度	2016年2季度	2016年3季度	……
1 现金流入									
1.1 销售收入									
1.2 自营收入									
1.3 出租收入									
2 现金流出									
2.1 土地取得成本									
2.2 前期费用									
2.3 建筑安装工程费									
2.4 公共配套设施建设费									
2.5 基础设施建设费									
2.6 管理费用									

续表 3-23

项目	2014年4季度	2015年1季度	2015年2季度	2015年3季度	2015年4季度	2016年1季度	2016年2季度	2016年3季度	……
2.7 开发期间税费									
2.8 不可预见费									
2.9 销售费用									
2.10 销售税费									
2.11 土地增值税									
2.12 企业所得税									
3 净现金流量									
4 累计净现金流量									
5 净现金流量折现值									
6 累计净现金流量折现值									

【操作说明】

（1）现金流量表的时间可以以月、季度、年为单位。填写要抓住两个方面，一是资金发生的数量，二是资金发生的时间点。

（2）现金流入和现金流出中 2.1~2.9 的数据来源于表 3-8 项目进度计划表和表 3-9 项目进度计划甘特图。

（3）2.10 销售税费在有销售收入的时候计算，按照每期销售收入的 7.5% 提取。

（4）2.11 土地增值税按照每期销售收入的 2% 估算。

（5）2.12 企业所得税按照年度缴纳，按照总所得税进行三年均摊。

（6）每期净现金流量=每期现金流入-每期现金流出

（7）每期累计净现金流量为当期净现金流量和之前（包括本期）所有期数净现金流量的累计之和，即为上期累计净现金流量值与本期净现金流量之和。

（8）净现金流量折现值=当期净现金流量/（1+折现率）^{n}

（9）累计净现金流量折现值为当期净现金流量折现值和之前所有期数净现金流量折现值的累计之和，即为上期累计净现金流量折现值与本期净现金流量折现值之和。

（10）静态投资回收期和动态投资回收期分别按照公式进行计算。财务净现值 $FNPV$ 为所有现金流量折现值之和，即为累计净现金流量折现值最后一期的值。也可采用 Excel 中财务公式 NPV 进行测算。内部收益率采取 Excel 中财务指标 IRR 公式进行计算。

任务十 项目敏感性分析

【任务内容】

进行项目地价和销售价格敏感性分析，即通过地价和房价的变动来分析项目利润率、项目内部收益率、财务净现值的变化幅度。

【任务模板】

表 3-24　　　　　　　　　　地价敏感性分析

项目内容	变化幅度										
地价增减幅度/%	-25	-20	-15	-10	-5	0	5	10	15	20	25	30
楼面地价/（元·米$^{-2}$）												
总地价/万元												
项目总投资/万元												
总销售收入/万元												
销售税费/万元												
毛利润/万元												
土地增值税/万元												
企业所得税/万元												
净利润/万元												
成本利润率/%												
销售利润率/%												
财务净现值/万元												
内部收益率/%												

表 3-25　　　　　　　　　　　　　　　售价敏感性分析

项目内容	变化幅度								
产品售价变化比例/%	-20	-15	-10	-5	0	5	10	15	20
产品销售均价/（元·米$^{-2}$）									
总投资/万元									
销售收入/万元									
扣除营业税及附加/万元									
扣除增值税/万元									
扣除所得税/万元									
净利润/万元									
投资利润率/%									
成本利润率/%									
销售净利润率/%									
财务净现值/万元									
内部收益率/%									

【操作说明】

（1）项目敏感性分析，主要考察当项目开发过程中的不确定性因素发生变化时，项目各项财务指标的变化情况，反映项目对各项不确定性因素的敏感性。可以分析从楼面地价、销售单价、建安工程费单价、贷款利率、开发与租售周期等方面进行。可以进行单因素变化分析，也可以综合考虑各因素最可能的变化方向和幅度进行多因素的分析测算。

（2）一般房地产项目开发过程中最易发生变化的是楼面地价和销售单价。以楼面地价的敏感性分析为例，表 3-24 中，0% 的一列为当前状态下的各项数据，当楼面地价按一定比例增加或减少的时候，总地价和总投资相应发生变化，而销售收入和销售税费不变，进而利润、土地增值税、企业所得税、净利润、成本利润率、销售利润率、财务净现值和财务内部收益率均发生变化，以此反映项目能承受的楼面地价变化范围。

【项目评价】

表 3-26 项目评价标准及分值表

项目任务	知识要求	分值	得分	技能要求	分值	得分
房地产项目综合投资分析	①是否掌握了静态指标的种类及判别标准	25		①是否能够运用静态财务指标进行项目可行性判断	25	
	②是否掌握了动态财务指标的种类及判别标准	25		②是否能够运用动态财务指标进行项目可行性判断	25	
	③是否掌握动、静态财务指标的对比分析方法	25		③是否能够进行静态、动态财务指标对比分析进行项目可行性判断	25	
	④是否明确房地产投资分析报告的基本内容	25		④是否能够进行房地产项目投资分析报告撰写	25	
	合计	100			100	

参考文献

[1] 冯力,陈丽.房地产投资分析[M].北京:化学工业出版社,2010.
[2] 中国房地产估价师与房地产经纪人学会.房地产估价师考试用书《房地产开发经营与管理》[M].北京:中国建筑工业出版社,2010.
[3] 周小平,熊志刚,王军艳.房地产投资分析[M].北京:清华大学出版社,2016.
[4] 高群.房地产投资分析[M].北京:机械工业出版社,2014.
[5] 陈琳,谭建辉.房地产项目投资分析[M].北京:清华大学出版社,2015.
[6] 余源鹏.房地产项目可行性研究实操一本通[M].北京:机械工业出版社,2008.
[7] 许乐群.房地产投资项目分析[M].北京:中国建筑工业出版社,1997.

附录　房地产投资分析基础知识

第一节　资金的时间价值

一、资金的时间价值的含义

资金的时间价值是将资金作为某项投资，由于资金的运动（流通—生产—流通）可得到一定的收益或利润，即资金增值，资金在这段时间内所产生的增值，就是资金的时间价值。资金的时间价值也可理解为不同时间发生的等额资金在价值上的差别。资金的时间价值是资金随着时间推移产生的增值，是放弃现期消费损失的必要补偿。

例如：现在将1 000元存入银行，一年后得到的本利和为1 020元，经过1年而增加的20元，就是在一年内让出了1 000元货币的使用权而得到的报酬。也就是说，这20元是1 000元在1年内的时间价值。

二、资金的时间价值的特性

（1）资金的时间价值与资金的运动过程密切相关，只有资金运动起来，才能产生增值。

（2）资金的时间价值与一定的时间点密切相关，同一笔资金在不同时间点上产生的时间价值是不相同的。

（3）资金的时间价值与资金的周转率有着直接的关系，资金周转越快，产生的资金时间价值越大。

（4）资金的时间价值与一定的风险有关，一般来讲，高风险意味着高回报，风险高的项目产生的增值也越高，资金的时间价值体现就越明显。

（5）资金的时间价值是一种客观存在，因此要充分利用资金的时间规律进行项目经济分析。

三、影响资金时间价值大小的因素

资金时间价值的大小取决于多方面的因素。从投资的角度来看，主要有：
（1）投资利润率，即单位投资所能取得的利润；
（2）通货膨胀率，即对因货币贬值造成的损失所应得到的补偿；
（3）风险因素，即对因风险可能带来的损失所应获得的补偿。

$$资金时间价值＝平均报酬率－风险报酬率－通货膨胀率$$

由于资金存在的时间价值，就无法直接比较不同时间点上发生的现金流量。因此，要通过一系列的换算，在同一时点上进行对比，才能符合客观的实际情况。这种考虑了资金时间价值的经济分析方法，提高了方案评估和选择的科学性与可靠性。

第二节 资金时间价值的计算

在技术经济分析中，对资金时间价值的计算方法与银行利息的计算方法相同。实际上，银行利息也是一种资金时间价值的表现方式，利率是资金时间价值的一种标志。

一、利息与利率

利息是指因占用资金所付出的代价，或因放弃资金的使用权所得到的补偿，这是针对不同的借贷双方来说的，利息是资金时间价值的表现形式。

利率指一定时期内（一年、半年、月、季度，即一个计息期），所得的利息额与借贷金额（本金）之比：

$$利率 = \frac{期利息}{本金} \times 100\%，即\ i = \frac{R_{期}}{P}$$

$$F = P + I$$

式中：F——本利和；

P——本金；

I——利息。

二、单利与复利

1. 单利计息的计算

在计算利息时,仅用最初本金计算利息,而不计入先前利息周期中所累加的利息,即通常所说的"利不生利"。单利计息时的利息计算式为

$$I_n = Pin$$

n 个计息周期末的本利和为

$$F = P(1+ni)$$

式中:I_n——单利利息;

i ——单利利率;

n ——计息周期数;

F ——本利和;

P ——本金。

2. 复利计息的计算

复利计息是指本金和前期累计利息总额之和进行计息。即除最初的本金要计算利息外,每一计息周期的利息都要并入本金,再生利息,也即通常所说的"利生利""利滚利"。复利计算的本利和公式为

$$F = P(1+i)^n$$

例题 1 某企业进行厂房建设,以 6% 的年利率向银行贷款 1 000 万元,贷款期为 5 年,分别以单利与复利计算 5 年后企业支付多少利息。

复利法计算利息:

$$I = F - P = P(1+i)^n - P$$
$$= 1\,000 \times (1+6\%)^5 - 1\,000 = 338.23 \text{(万元)}$$

单利法计算利息:

$$I = F - P = P(1+ni) - P = Pni$$
$$= 1\,000 \times 5 \times 6\% = 300 \text{(万元)}$$

由于利息是货币时间价值的体现,且是不断发生的,因此复利计算方法比较符合资金在现实社会生产过程中运动的实际状况,比单利计算更能反映货币的时间价值。

三、名义利率与实际利率

在复利计算中,利率周期通常以年为单位,它可以与计息周期相同,也可以不同。在实际应用中,可以是 1 年、半年、1 个季度、1 个月、1 旬或 1 周,当计息周期小于 1

年时，就出现了名义利率和有效利率的概念。

1. 名义利率

名义利率是指计息周期利率 i 与一个利率周期内的计息周期数 m 的乘积。即

$$r = im$$

式中：r——名义利率；

　　　i——计息周期利率；

　　　m——计息周期数。

2. 实际利率

若用计息周期利率来计算利率周期利率，并将利率周期内的利息再生因素考虑进去，这时所得到的利率周期利率成为实际利率，也称为有效利率。

假设名义利率为 r，一年中计息周期数为 m，则一个计息周期的利率应为 $\frac{r}{m}$，按照复利方法计算可知年实际利率为

$$i = \left(1 + \frac{r}{m}\right)^m - 1$$

例题 2　一笔资金为 1 000 元，年利率为 10%，试计算计息周期为 1 年、半年、3 个月、1 个月的年末本利和实际利率。

解：（1）计息周期为一年

本利 = 1 000 × (1+10%) = 1 100 元

年利率即为实际利率

（2）计息周期为半年

本利 = 1 000 × (1+10%/2)² = 1 102.5 元

利息 = 1 102.5 − 1 000 = 102.5

实际利率 = 102.5/1 000 × 100% = 10.25%

（3）计息周期为 3 个月

本利 = 1 000 × (1+10%/4)⁴ = 1 103.8 元

实际利率 = 103.8/1 000 × 100% = 10.38%

（4）计息周期为 1 个月

本利 = 1 000 × (1+10%/12)¹² = 1 104.7 元

实际利率 = 104.7/1 000 × 100% = 10.47%

名义利率与实际利率之间的关系如下。

（1）当计息周期为 1 年时，名义利率与实际利率是相等的；当计息周期短于 1 年时，实际利率大于名义利率。

(2) 计息期越短，计息次数越多，实际利率越高。

(3) 名义利率无法完全反映资金的时间价值，实际利率才能真实反映资金的时间价值。

第三节　资金等值

一、资金等值的相关概念

在同一投资系统中，处于不同时刻、数额不同的两笔或两笔以上的相关资金，按照一定的利率和计息方式，折算到某一相同时刻所得到的资金数额是相等的，则这两笔或多笔资金是"等值"的。

1. 现值与终值

未来某一时间点上的资金额换算成现在时点上的资金额，称为现值（P）。

与现值等价的未来时点上的资金额称为终值或将来值（F）。

2. 年金

年金指在一定时期内每隔相等年收支的金额。每期的金额可以相等，也可以不等。相等时称为等额年金，不相等时称为不等额年金。如果没有特殊说明，一般采用的年金指的是等额年金。如附图1所示，年金用 A 来表示。

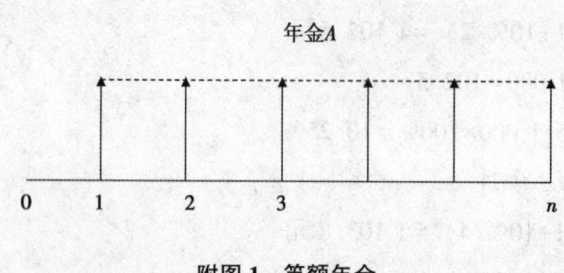

附图1　等额年金

3. 时值与贴现

把资金运动过程中某一时点上与现值等值的金额称为时值。

未来时点发生的资金用资金时间价值的尺度（如利率）折算成现在时点相应资金数额的过程，叫作贴现（或折现）。

二、复利终值与复利现值的计算

1. 复利终值与现值

现值是未来的一笔资金按一定的利率计算，折合到现在的价值。

复利终值是现在投入一笔资金按照一定的利率计算，到计算期末的本利和。

2. 复利终值的计算

已知复利现值 P、利率 i，求 n 期后的复利终值 F 时，复利终值的计算公式如下：

$$F = P(1+i)^n = P(F/P, i, n)$$

式中，$(1+i)^n$ 为终值系数或复利系数，记为 $(F/P, i, n)$，复利终值系数可以由复利系数表直接查出。

3. 复利现值的计算

现值的计算公式是复利终值公式的逆运算。即

$$P = F(1+i)^{-n} = F(P/F, i, n)$$

式中，$(1+i)^{-n}$ 为现值系数，记为 $(P/F, i, n)$。

4. 复利现值与终值的关系

复利现值与复利终值公式互为推导关系。在复利现值公式中，已知 F 求 P；而在复利终值公式中，则已知 P 求 F。

例题 3 某公司进行项目建设，2002 年初贷款 100 万元，利率为 6%，2004 年末一次偿还，问需要还款多少？若该公司预测，2004 年末偿还能力仅为 90 万元，问最初的贷款应控制在什么规模？

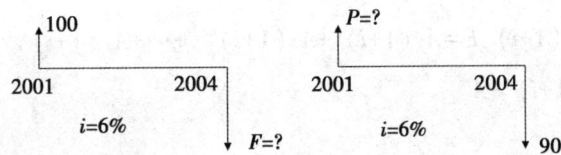

2004 年末还款：$F = P(F/P, I, n) = 100 \times (1+6\%)^3 = 119.1$（万元）

2002 年初控制规模：$P = F(P/F, I, n) = 90 \times (1+6\%)^{-3} = 75.6$（万元）

三、年金终值与偿债资金的计算

1. 年金终值的计算

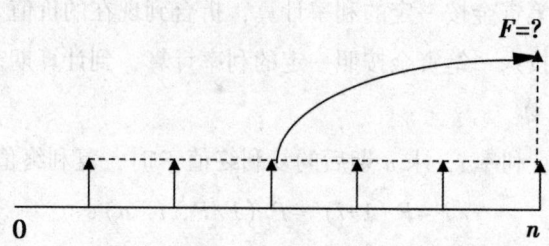

附图 2　年金终值计算

年金终值是在一段时间内每隔相等的时间等额支付的现金流量 A，按利率 i 复利计息，按照一定的利息率计算到期的年金本利和 F 的公式为

$$F = A \times \frac{(1+i)^n - 1}{i} = A\,(F/A, i, n)$$

式中，$\frac{(1+i)^n - 1}{i}$ 称为年金终值系数，用符号 $(F/A, i, n)$ 表示。

推导过程：

$$F = A\,(F/p, i, n-1) + A\,(F/p, i, n-2) + \cdots + A\,(F/p, i, 0)$$

即

$$F = A\,(1+i)^{n-1} + A\,(1+i)^{n-2} + \cdots + A\,(1+i)^0 \qquad ①$$

$$(1+i)F = A\,(1+i)^n + A\,(1+i)^{n-1} + \cdots + A\,(1+i)^1 \qquad ②$$

由 ② - ① 得：$iF = A\,(1+i)^n - A$

则有：$F = A \times \dfrac{(1+i)^n - 1}{i}$

年金终值公式的含义为：对连续若干期期末等额支付的现金流量 A，按利率 i 进行复利计息，求第 n 期期末的未来值 F，即本利和。

2. 偿债资金的计算

偿债资金是为了应付若干年后所需要的一笔资金，按照一定的利率计算，在这 n 期内连续每期期末等额偿债资金值 A。即为了在 n 年内积累资金 F，年利率为 i，计算每年投入了多少资金。偿债资金是年金终值公式的逆运算，计算公式如下：

$$A = F \times \frac{i}{(1+i)^n - 1} = F\,(A/F, i, n)$$

式中，$\dfrac{i}{(1+i)^n-1}$ 为等额偿债资金系数，用符号 $(A/F, I, n)$ 表示，其系数值可从复利系数表中查得。

推导过程如下。

已知年金终值计算公式为

$$F = A \times \dfrac{(1+i)^n-1}{i} = A\,(F/A, i, n)$$

则偿债资金 A 为上式的逆运算，即

$$A = F \times \dfrac{i}{(1+i)^n-1} = F\,(A/F, i, n)$$

3. 年金终值公式与偿债资金公式的关系

年金终值公式与偿债资金公式互为推导关系。在年金终值公式中，已知 A 求 F；而在偿债资金公式中，则已知 F 求 A。

四、资本回收与年金现值的计算

1. 资本回收的计算

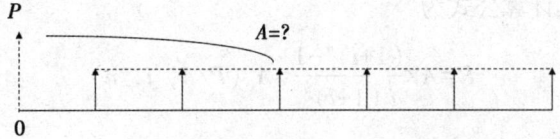

附图3　资本回收计算

资本回收是指为了回收现在投入的一笔资金，按照一定的利率计算，在一段时间内每相等时间应该提取的等额款项。资本回收值的计算公式为

$$A = P \times \dfrac{i(1+i)^n}{(1+i)^n-1} = P\,(A/P, i, n)$$

式中，$\dfrac{i(1+i)^n}{(1+i)^n-1}$ 为资本回收系数，用符号 $(A/P, i, n)$ 表示，其系数值可以从复利系数表中查得。

推导过程如下。

已知偿债资金公式为

$$A = F \times \dfrac{i}{(1+i)^n-1} = F\,(A/F, i, n) \qquad ①$$

已知复利终值公式为

$$F = P(1+i)^n = P(F/P, i, n) \quad ②$$

将②带入①中，得：$A = P \times \dfrac{i(1+i)^n}{(1+i)^n - 1} = P(A/P, i, n)$

例题 4 某企业投资 1 000 万元人民币，每年收回率为 8%，在 10 年内收回全部本利，则每年应收回多少？

$$A = P \times \dfrac{i(1+i)^n}{(1+i)^n - 1} = 1\,000 \times \dfrac{8\%(1+8\%)^{10}}{(1+8\%)^{10} - 1}$$

$$= 1\,000 \times 0.14\,903 = 149.03 \text{（万元）}$$

2. 年金现值计算

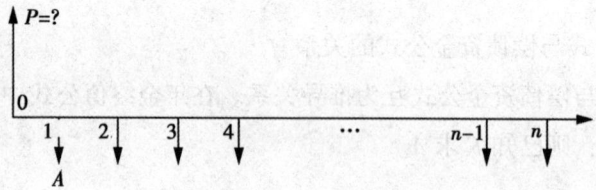

附图 4　年金现值计算

年金现值是指在一段时间内每隔相等的时间投入的款项，按照一定的利率计算，折合到现在的价值。其计算公式为

$$P = A \times \dfrac{(1+i)^n - 1}{i(1+i)^n} = A(P/A, i, n)$$

式中，$\dfrac{(1+i)^n - 1}{i(1+i)^n}$ 为等额分付现值系数，也可用符号 $(P/A, i, n)$ 表示，其系数值可以从复利系数表中查得。

推导过程如下。

已知资本回收的计算公式为

$$A = P \times \dfrac{i(1+i)^n}{(1+i)^n - 1} = P(A/P, i, n)$$

年金现值公式为上式的逆运算，即

$$P = A \times \dfrac{(1+i)^n - 1}{i(1+i)^n} = A(P/A, i, n)$$

例题 5

为在未来的 10 年中，每年年末收回 10 万元，每年收回率 8%，现需投资多少？

$$P = 50\,000 \times \dfrac{(1+0.08)^{10} - 1}{0.08 \times (1+0.08)^{10}} = 67.10 \text{（万元）}$$

3. 资本回收公式与年金现值公式的关系

资本回收公式与年金现值公式互为推导关系。在资本回收公式中，已知 P 求 A；而在年金现值公式中，则已知 A 求 P。

五、资金等值计算基本公式注意事项

（1）实施方案的投资假定发生在方案的寿命初期；

（2）实施方案中发生的经常性收益和费用假定发生在计息期的期末；

（3）本期的期末为下期的期初；

（4）现值 P 是当前期间开始时发生的；

（5）将来值 F 是当前以后的第 n 期末发上的；

（6）年值 A 是在考察期间间隔发生的；

（7）当问题包括 P 和 A 时，系列的第一个 A 是在 P 发生后一个周期后发生的；

（8）当问题包括 F 和 A 时，系列的最后一个 A 是与 F 同时发生的；

第四节 现金流量与现金流量图

一、现金流量的相关概念

1. 现金流量

将一个独立的经济项目（或投资项目、技术方案等）视为一个独立的经济系统的前提下，在一定时期对投资项目进行的分析中，把各个时间点上实际发生的资金流入或流出的现金活动称为现金流量。

2. 现金流入

某一个时间点的流入系统的资金收入称为现金流入，包括销售收入、固定资产报废时的残值收入以及项目结束时回收的流动资金。具体到房地产开发投资来说，现金流入包括销售收入、租金收入、回收固定资产残值等。

3. 现金流出

某一个时间点的流出系统的资金支出称为现金流出，包括企业投入的自有资金、销售税金及附加、总成本费用中以现金支付的部分、所得税、借款本金支付等。具体到房地产开发经营投资来说，现金流出包括土地费用、建造费用、还本付息、流动资金、经

营费用等。

4. 净现金流量

通常规定，现金流入为正值，现金流出为负值。某一时刻点上，现金流入量和现金流出量的代数和称为净现金流量。流入量大于流出量时，其值为正，反之为负。

二、现金流量图的含义

现金流量图是用以反映投资项目在一定时期内资金运动状态的简化图，即把经济系统的现金流量绘入一个时间坐标图中，表示出各现金流入、流出与相应时间的对应关系，是表示项目系统在整个寿命周期内各时间点的现金流入和现金流出状况的一种示意图。

三、现金流量图的绘制规则

（1）以横轴为时间轴，向右延伸表示时间的延续。轴上的每一刻度表示一个时间单位，两个刻度之间的时间长度称为计息周期，可取年、半年、季度或月等。横坐标轴上"0"点，通常表示当前时点，也可以表示资金运动的时间始点或某一基准时刻。时点1表示第1个计息周期的期末，同时又是第2个计息周期的开始，以此类推，如附图5所示。

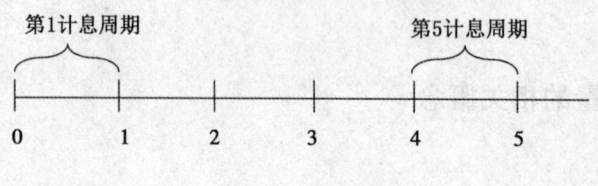

附图5 现金流量图

（2）如果现金流出或流入不是发生在计息周期的期初或期末，而是发生在计息周期的期间，为了简化计算，公认的习惯方法是将其代数和看成是在计算周期末发生，称为期末惯例法。在一般情况下，采用这个简化假设，就能够满足投资分析的需要。

（3）为了与期末惯例法保持一致，在把资金的流动情况绘成现金流量图时，都把初始投资视作上一周期期末，即第0期期末发生的，这就是在有关计算中出现第零周期的由来。

（4）相对于时间坐标的垂直箭线代表不同时点的现金流量。现金流量图中垂直箭线的箭头，通常是向上的表示正现金流量，向下的表示负现金流量，如附图6所示。某一计息周期内的净现金流量，是指该时段内现金流量的代数和。

要正确绘制现金流量图，必须把握好现金流量的三要素，即现金流量的数量大小、方向（资金流入或流出）、作用点（资金的发生时间点）。

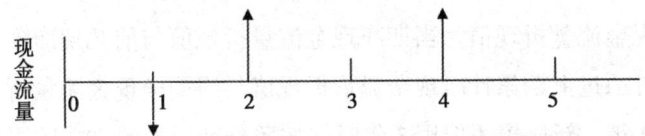

附图6　现金流量图

四、现金流量表

现金流量表反映项目计算期内各年现金流入和现金流出，用以计算财务内部收益率、财务净现值及投资回收期等评价指标，分析项目财务盈利能力。现金流量表内容包括现金流入、现金流出、净现金流量、累计净现金流量、净现金流量折现值、累积净现金流量折现值，其中现金流入和现金流出分别可以包括多个子项目。

附表1　　　　　　　　　　　　　现金流量表

编号	期数　项目	0	1	2	3	4
1	现金流入					
1.1	……					
1.2	……					
2	现金流出					
2.1	……					
2.2	……					
2.3	……					
3	净现金流量					
4	累计净现金流量					
5	净现金流量折现值					
6	累计净现金流量折现值					

某期净现金流量=现金流入-现金流出

某期累计净现金流量为当期净现金流量与前几期净现金流量之和，在计算时也可通过上期累计净现金流量与当期净现金流量之和求取。

某期净现金流量折现值=当期净现金流量/折现率

某期累计净现金流量折现值为当期净现金流量折现值与前几期净现金流量折现值之和，在计算时也可通过上期累计净现金流量折现值与当期净现金流量折现值之和求取。

例题 6 2009 年，新辰集团拟用 3 年时间按照分期付款的方式购买某一商业楼，总价为 600 万元。已知前两年的付款比例为 30%、40%，余下在第三年付清，并在该年年末将该楼装修完毕，装修成本为 25 万元，第四年将该楼出租，毛租金为 70 万元，经营成本为 22 万元，并假设今后几年毛收入和经营成本均保持不变。出租四年后，新辰集团把该楼转售给别人，获得 1 000 万元的收入。假设投资和经营期的收支均发生在年末，要求编制该商业楼投资项目的现金流量表。

解：从题干中可知：

现金流入=毛租金收入+转售收入

现金流出=购楼支出+经营成本+装修支出

因此，现金流量表编制如附表 2。

附表 2　　　　　　　　　　　　现金流量表　　　　　　　　　　　　万元

项目＼年份	2009 年	2010 年	2011 年	2012 年	2013 年	2014 年	2015 年
1 现金流入	0	0	0	70	70	70	1 070
1.1 毛租金收入	—	—	—	70	70	70	70
1.2 转售收入	—	—	—	—	—	—	1 000
2 现金流出	−180	−240	−205	−22	−22	−22	−22
2.1 购楼支出	−180	−240	−180	—	—	—	—
2.2 经营成本	—	—	—	−22	−22	−22	−22
2.3 装修支出	—	—	−25	—	—	—	—
3 净现金流量	−180	−240	−205	48	48	48	1 048